ALTDEUTSCHE TEXTBIBLIOTHEK

Begründet von Hermann Paul †
Fortgeführt von Georg Baesecke †
Herausgegeben von Hugo Kuhn
Nr. 15

Wolfram von Eschenbach

Herausgegeben

von

Albert Leitzmann

Viertes Heft

Willehalm Buch I bis V

Fünfte, durchgesehene Auflage

MAX NIEMEYER VERLAG/TÜBINGEN 1963

Vorwort

Für die vorliegende revision des Willehalmtextes, deren schlussheft möglichst bald folgen soll, hatte ich mir vorgenommen auch die von Pfeiffer (Germania 12, 66) zuerst erwähnte handschrift der fürstlich starhembergischen bibliothek in Efferding, früher in Riedegg, heranzuziehen, obwohl eine erhebliche modifikation der textkritischen verhältnisse wohl schwerlich von ihr zu erwarten war. Durch vermittlung von kollege Jellinek in Wien tat ich schritte, um zu einer kollation zu gelangen; doch haben sich diesen bemühungen ungeahnte schwierigkeiten entgegengestellt, von denen ich kaum hoffen darf, dass sie in absehbarer zeit überwunden werden können. Ich hätte also meine ausgabe auf ungewisse zeit vertagen müssen, was mir nicht angebracht erschien. Sobald ich noch in den besitz der kollation gelange, werde ich in einem unsrer fachblätter über den kritischen wert der handschrift berichten.

Auch diesem hefte ist die treue sorgfalt Hermann Pauls und Gustav Rosenhagens zu gute gekommen.

Jena, 17. august 1905

Für die zweite auflage habe ich den text genau durchgesehen und nicht nur von den druckfehlern der ersten auflage gereinigt, sondern auch an einer reihe von stellen, zum teil im anschluss an seit dem jahre 1905 hervorgetretene textkritische beiträge von fachgenossen gebessert; die von mir benutzte literatur ist in dem folgenden variantenapparat verzeichnet worden. Die bei Wolfram bisher so reichlich angenommenen fälle von konstruktionen ἀπὸ χοινοῦ, gegen die schon mein früherer text sich in vielen fällen oppositionell verhielt, behandle ich nunmehr, wie sich wohl von selbst versteht, nach den resultaten meiner in Pauls und Braunes Beitr. 50, 90 erschienenen untersuchung.

Eine einzelheit sei noch hervorgehoben, der gebrauch eines fremdworts, das dem Willehalm eigentümlich ist, des wortes *markis* für *marcgrâve*. Bock hat schon im jahre 1885 richtig erkannt (Festschr. d. hamb. Wilhelmsgymn. s. 62): „Wolfram verwendet mit einer gewissen vorliebe französische titulaturen und ähnliche bezeichnungen. Von den schreibern der handschriften sind dieselben oft durch deutsche ersetzt und dadurch das metrum gestört." Er hat dann selbst eine reihe hierhergehöriger beispiele, vor allem aus dem Parzival, behandelt und für andre ähnliche fälle plausible vermutungen aufgestellt. Für *markis — marcgrâve* erwähnt er nur eine einzige stelle. Schon Lachmann hatte solche verzeichnet, ohne überall das fremdwort in den text zu nehmen; eine reihe weiterer fügte meine erste auflage hinzu; die zuletzt Beitr. 45, 443 gedruckten ampezzaner fragmente brachten wiederum einen beleg. Wo wir diesen wechsel in der überlieferung antreffen, ist die wahrscheinliche genesis überall die, dass die verdeutschung des fremden titels durch puristisch gerichtete schreiber eingeführt worden ist, und man darf annehmen, dass Wolframs urtext das fremdwort häufiger aufgewiesen hat, als wir es handschriftlich bezeugt finden (vgl. auch meine bemerkung Zeitschr. f. d. phil. 51, 79). Ich habe daher heute konseqnenter, als ich es schon in der ersten auflage begonnen hatte, in allen denjenigen versen *markis* eingesetzt, wo die metrik es erlaubt oder sogar dadurch verbessert wird.

Jena, 9. juni 1928

Albert Leitzmann

Für die fünfte Auflage dieses Heftes wurde der Text wie in Heft V von Druckfehlern gesäubert.

München, 16. Dezember 1963   Wilhelm Deinert

Zur kritik des textes

Über die einrichtung dieses variantenverzeichnisses vgl. meine vorbemerkungen im ersten heft s. VIII. Die von Lachmann noch nicht benutzten fragmente, für die eine allgemein gültige bezeichnung nicht feststeht, nenne ich im folgenden α unter beifügung des jedesmaligen druck- oder aufenthaltsortes.

Willehalm

I.

1, 8 ich *lnop* $=$ bin ich   9 *punkt* $=$ 8 *punkt* (*Paul Beitr.* 2, 325)   19 *punkt* $=$ *ohne zeichen* (*Leitzmann Beitr.* 50, 97)   27 *punkt* $=$ 26 *kolon*   30 tiefe *nt*α (*Germ.* 16, 171) $=$ tiefen (*Paul Beitr.* 2, 325)   **2,** 12 louft in *alle* $=$ louften (*Paul Beitr.* 2, 325; *Panzer ebenda* 21, 226; *Kraus ebenda s.* 540; *Noordewier, Bijdr. tot de beoord. van den Willeh. s.* 123) **3,** 5 *punkt* $=$ *komma*   17 erkennet *lmnopt* $=$ derkennet (*Braune Beitr.* 24, 194)   20 der *Klt*α (*Germ.* 16, 171) α (*ebenda* 32, 491) $=$ die (*Paul Beitr.* 2, 65)   **4,** 19 mich *lt*α (*Germ.* 16, 172) α (*ebenda* 32, 492) $=$ ich (*Wallner Beitr.* 47, 224) *punkt* $=$ 18 *punkt*   **5,** 5 lade *lopt*α (*Germ.* 16, 172) $=$ lat 6 hûse *K*α (*Germ.* 16, 172) $=$ hûs   16 Naribôn *alle ausser K* $=$ Narbôn   **6,** 15 dienstes *alle ausser K* $=$ diens   19 iu *alle ausser K* $=$ mich iu   **7,** 7 $=$ *ausrufungszeichen,* 8—10 $=$ *ohne klammern mit punkt* (*Paul Beitr.* 2, 325)   26 hôhez

Kmt (hôhe *l, fehlt nop*) = hôch   **8**, 24 markîs *op* = marcgrâf
9, 17 *punkt* = 16 *punkt*   26 *kolon* = 25 *kolon* (*Paul Beitr.*
12, 555)

    11, 16 Mahmete = Mahmet   **12**, 27 *punkt* = 26 *punkt*
13, 3 *punkt* = 4 *punkt*   8 markîs *op* = marcgrâven   18 gewan
Klop = genam (*Paul Beitr.* 2, 326; *Wiessner ebenda* 26, 399)
21 klâre süeze *lmntα* (*Zeitschr. f. d. phil.* 13, 275) = clâre
14, 1 Naribôn *alle ausser K* = Narbôn   12 *punkt* = 15 *punkt*
nach kômen   18 diu zwei sint *alle ausser K* = der zweir ist
(*Paul Beitr.* 2, 323)   21 markîs = marcrâven   28 in dem
alle ausser m = en   29 ei *Kmtα* (*Zeitschr. f. d. phil.* 13, 276)
= eyâ   **15**, 4 und Hûnas *Ktα* (*Zeitschr. f. d. phil.* 13, 276)
= Hûnas   25 *punkt* = 26 *punkt*   27. 28 Burgunjoise : Franzoise
nop = Burgunjoys : Franzoys   29 *punkt* = *komma* (*Paul
Beitr.* 2, 326; *Panzer ebenda* 21, 227; *Kraus ebenda s.* 540)
16, 1 *kolon*, 2 *punkt* = 1 *punkt*, 2 *komma*   3 *fragezeichen*
= *punkt*   7 = *ohne komma* (*Paul Beitr.* 2, 326; *Wiessner
ebenda* 26, 479)   11 *kolon* = 12 *punkt*   12 al nâch *lopt*
= nâch   14 âne wahs enkan *Kmt* = ach wênc, in kan
(*Panzer Beitr.* 21, 227)   15 ich in *Klmnt* = iz niht (*Panzer
ebenda*)   16 breite *Klmt* = breiten (*Paul Beitr.* 2, 329)
17 *punkt* = 15 *punkt*   25 markîs = marcgrâve   **17**, 1 durch
der *t* (der *mnop*) = durch   **18**, 7 der andern *lopt* = ander
17 *punkt* = 18 *punkt*   **20**, 21 aldâ *lopt* = dâ   24 dar under
alle ausser K = drunde   29 des = dês

    21, 8 al der Sarrazîne *lnpt* = allez heidenische   12 markîs
= marcgrâve   13 *punkt* = 14 *punkt*   15 = *ohne klammern
mit punkt*   **22**, 22 dan = dar (*Wackernagel bei Lachmann
s.* 640)   **24**, 5 zêren *lnop* = zêre (*Paul Beitr.* 2, 329)   17 *punkt*
= *komma*   **25**, 22. 23 = *ohne klammern mit semikolon* (*Panzer
Beitr.* 21, 228)   **26**, 27 *komma* = *punkt* (*Panzer ebenda*)
27, 9 Môrant *alle ausser K* = Rubîant (*Suchier, Üb. d. quelle
Ulr. v. d. Türl. s.* 40 *anm.*)   10 bekennen *mnopt* (erkennen *lx*)
= benennen (*Panzer Beitr.* 21, 228)   11 tjost dâ *lopt* = tjoste
15 des = dês   27 = *komma nach* valt (*Paul Beitr.* 12, 555)
28, 10 markîs = marcgrâve   28 kômen *lopt* = kômen dô
29 dan *lopt* = ê   **29**, 1 oder dan *lmnop* = od   11 habeten
(heten *lmn*) = harrten (*Braune Beitr.* 40, 372)   **30**, 5 = *ohne
zeichen* (*Leitzmann Beitr.* 50, 97)   9 ouch von *lt* (von *op*)

= mit   21 doch ein *alle ausser K* = ein   28 *punkt* =
29 *punkt* (*Paul Beitr.* 12, 555)

31, 9 *kolon und komma* = *klammern mit komma*   13 unende-
lôsen *Kot* = n endelôsen (*Paul Beitr.* 12, 555)   26 *punkt*
= 27 *punkt*   30 sulns ouch *K* = sulens   **34**, 5 *komma*
= *punkt*   27 *komma* = *punkt* (*Paul Beitr.* 12, 556)   28 die
wîten *alle ausser K* = diu wîte (*Paul ebenda*)   29 diu dâ
reit *alle ausser K* = reit (*Paul ebenda*)   **35**, 3 rois = der
künec   *komma* = *punkt*   5 nâhen *lmotxy* = nâh   8 nâhen
lmnotx = nâh   9 reiche *lnotxy* = reichte   10 rois = der
künec   13 vorn *Ktx* = vor   **36**, 20 sîner bete *Kty* =
sînen beten (*Paul Beitr.* 12, 556)   **37**, 30 des *lnoptxα* (*Germ.*
16, 172) = der   **38**, 7. 8 rîche : grimmeclîche = rîch :
grimmeclîch (*besserung Pauls*)   9 sitzen *lmnptα* (*Germ.*
16, 172) = sô sitzen   19 *punkt* = *ohne zeichen*   **39**, 2 *punkt*
= *ohne zeichen* (*Paul Beitr.* 12, 556; *Leitzmann ebenda* 50, 97)
7 markîs = marcgrâve   **40**, 5 *kolon* = 6 *kolon*   9 im
lnopt = dem   30 wer dâ *lmopt* = were

41, 9 daz *lnopt* = diz   15 küneges *alle ausser K* =
künec (*Paul Beitr.* 12, 556)   16 indîâschem lant *alle ausser K*
= Indîant   17 daz *Klot* = ouch   **42**, 7 *fragezeichen* = *punkt*
26 *kolon* = 25 *punkt*   **43**, 10 Franzoisære *lnop* = Franzoys
12 markîs = marcgrâve   17 Naribôn *alle ausser K* = Narbôn
30 in *Klt* = im   **44**, 5 die *K* = ir   6 rechet *alle ausser l*
= recket (*Paul Beitr.* 12, 556)   7 *komma*, 9 *punkt* = 7 *punkt*,
9 *ausrufungszeichen*   11 *punkt* = 12 *kolon* (*Panzer Beitr.*
21, 230)   28 von *lmt* (und von *nop*) = ê si von (*Panzer
ebenda*)   *punkt* = 27 *punkt* (*Panzer ebenda*)   **45**, 11 küneges
lnopt = künec   **46**, 29 heidenschaft *K* = heidenscheft
47, 10 mâgen *lm* = mâge   11 markîs = marcgrâven
48, 15 *komma* = *ohne zeichen* (*Kraus Beitr.* 21, 546)   20 wîser
alle ausser K = wîse   **49**, 2 *komma* = *punkt*

52, 7 *kolon* = 9 *punkt* (*Paul Beitr.* 12, 557)   24 zweier
güete *loptv* = tugende   25 tugent *alle ausser K* = milte
28 dem *alle ausser Kt* = me (*Paul Beitr.* 2, 335)   **53**, 1 markîs
= marcgrâven   8 sînin *Kt* = sîn   10 slouften *alle ausser K*
= souften   19 reit *lmopt* = enreit   20 vor strite *alle
ausser op* = vorstrît   = *ohne klammern mit punkt*   21 wânde
lmntv = dô wând   26 *punkt* = 25 *punkt nach* gesach

(*Noordewier s.* 124)   27 markîs = marcgrâve   **54**, 2 markîs
= marcgrâve   11 markîs = marcgrâven   17 alsus *lmnpt*
= alsô   22 und der *alle ausser K* = und   25 beiz *lopv*
= weiz (*Noordewier s.* 124)   **55**, 1 *punkt = komma*   11 des
= dês   17 markîs = marcgrâven   25 markîs = marcgrâve
56, 8 markîs = marcrâve   12 wæren wisen *alle ausser K*
= wære wise   20 den *lmnop* = dem   *punkt* = 21 *punkt*
30 dem *lnopv* = den   markîs = marcrâven   **57**, 1. 2 wer-
lîche : gelîche *lnoptv* = werlîch : gelîch   28 markîs = marcrâve

II.

58, 17 = *ohne zeichen* (*Stosch Zeitschr. f. d. alt.* 33, 127;
Wiessner Beitr. 26, 398)   26 *ausrufungszeichen = komma*
(*Paul Beitr.* 12, 557)   **59**, 17 grâzte = grazte (*vgl. die wörter-
bücher*)   **60**, 4 markîs = marcrâve   9 *punkt = komma*
14 markîs = marcrâve   28 = *ausrufungszeichen*   29 = *ohne
klammern mit semikolon*

61, 1 *ausrufungszeichen = kolon*   **63**, 22 brûn scharlachen
nnopt = brûnez scharlach   **64**, 6 und *lnopt* = und den
30 unde *alle ausser K* = und den   **65**, 4 des *Klmpx*
= dez   10 markîs *opx* = marcrâve   23 die *lnoptx* = dar
(*Paul Beitr.* 12, 557)   **66**, 1 gegen *alle ausser K* = engegen
25 gedenke *lmopt* = denk   26 daz ez *Klnot* = da'z
67, 7 = *in klammern*   20 under *alle* = und   **68**, 25 *punkt*
= 26 *punkt nach* gesellekeite (*Paul Beitr.* 12, 557)   **69**, 14 sâ
ze *lmt* = an der   25 sîniu *K* = sîn   **70**, 17 = *punkt nach*
sint *und ohne klammern* (*Paul Beitr.* 12, 557)   21 Vîvîanzen
Klnopt = Vivîanz

72, 17 markîs = marcrâve   27 markîs = marcrâven
73, 16 markîs = marcrâven   24 *punkt = komma* (*Paul
Beitr.* 2, 326)   27 = *ausrufungszeichen* (*Paul ebenda*)
28 = *ohne klammern mit kolon* (*Paul ebenda*)   **74**, 1 *komma*
= *ausrufungszeichen* (*Paul ebenda*)   **75**, 2 markîs = marcrâf
7 mînem *mpt* = mînen (*Paul Beitr.* 2, 326; *Kraus ebenda*
21, 546)   **76**, 4 markîs = marcrâve   9 alsô α (*Germ.* 25, 163)
= als   **77**, 1 markîs = marcrâve   **78**, 27 vor einem *alle
ausser x* = vorme (*Paul Beitr.* 2, 336)   **79**, 5 daz *lnoptx*
= deiz   7 markîs = marcrâve   11 dar *alle ausser K*

= dâ   13. 25 markîs = marcrâve   **80**, 16 markîs = marcrâve
21 sô *mnopt* = als

   81, 5 *kolon* = 6 *kolon*   **82**, 2 kuntlîch = kuntlîche
5 dar *alle ausser K* = dâ   13 im *Iopt* = în   25 sun ê
I Kt = sune   **83**, 17 *punkt* = 16 *punkt* (*Paul Beitr.* 12, 557;
Wiessner ebenda 26, 460)   18 markîs = marcrâve   28 în
lnopt = in der   **84**, 21 *komma* = *punkt* (*Paul Beitr.* 2, 327)
23 kleinez *lopt* = kleine   26. 27 = *ohne klammern mit
punkt* (*Paul Beitr.* 2, 327)   **85**, 17 was *alle ausser K* = enwas
21 ze stücken *alle ausser K* = zestochen (*Paul Beitr.* 2, 323)
86, 6 dînen *mnopt* = den (*Paul ebenda*)   **87**, 5 markîs *n*
= marcrâven   **88**, 18 Mahmete = Mahmet   **89**, 19 markîs
= marcrâven   25 sô *Kopt* = sus   **90**, 1. 7. markîs = marcrâve
17 diu si *Kt* = diuz   29 erreichte *Kmnopt* = derreicht
(*Braune Beitr.* 24, 194)

   91, 14 = *punkt*   15 und *mnopx* = er   16 liez *alle
ausser K* = enliez   23 markîs = marcrâve   25 markîs
= marcrâven   **92**, 24 *punkt nach gap* = 22 *punkt* (*Paul
Beitr.* 12, 557)   markîs = marcrâve   **93**, 4—7 = *nicht
zur rede*   14 von *lnopqtxα* (*Germ.* 31, 212) = ûz   25 markîs
= marcrâve   26 ich *lmnoptxα* (*Pfeiffer, Quellenmat. zu altd.
dicht.* 2, 88) = in   27 ieslîches vürsten *lmnopα* (*Germ.* 31, 212)
= von ir ieslîches   sundernôt = sunder nôt   **94**, 16 hât
mnopqtα (*Pfeiffer, Quellenmat.* 2, 88) = bat (*Paul Beitr.*
2, 327; *Wiessner ebenda* 27, 10)   21 *ausrufungszeichen*
= 22 *ausrufungszeichen*   30 von *alle ausser K* = vor
95, 18 den ichs *alle* = diechs (*Paul Beitr.* 2, 327)   19 rîten
alle ausser t = rîtent (*Paul ebenda*)   **96**, 19 boume in *Ktα*
(*Zeitschr. f. d alt.* 24, 85) α (*Germ.* 25, 166) α (*ebenda* 31, 212)
= boume   **97**, 9 noch *lnopqtα* (*Pfeiffer, Quellenmat.*
2, 89) α (*Germ.* 31, 212) = unde   15 und *Klptα* (*Pfeiffer,
Quellenmat.* 2, 89) = und rois   21 an der andern sîten
alle ausser K = andersîte   22 phlâgen *alle* = 'npflâgen
98, 6 Morgowanz *mnop* = Morgwanz   21 von *alle ausser K*
= ûz   22 = *kolon*   23 sô daz *alle ausser K* = wand
24 gein den *alle ausser K* = gein   25 wâren im *K* = im
wârn   28-swuoren *lmnoptα* (*Germ.* 31, 212) = swuoren dô
99, 9 markîs = marcrâven   10 *punkt* = 14 *punkt*   25 *komma*
= *kolon* (*Paul Beitr.* 2, 328)

101, 11 niht werden *lnoptxα* (*Zeitschr. f. d. alt.* 41, 252)
= werden niht   18 *komma = semikolon*   102, 9 *ausrufungs-*
zeichen = 6 *ausrufungszeichen*   11 *ausrufungszeichen* =
punkt (*Paul Beitr.* 12, 558)   12 ich hôhes vundes hân *alle*
= ist hôhes fundes (*Paul Beitr.* 2, 328; *Panzer ebenda* 21, 231)
26 der *alle ausser K* = die (*Paul Beitr.* 2, 65)   103, 23 markîs
= marcrâve   104, 24 zArâbîe *alle ausser K* = ze Arâbe
105, 22 markîs *nop* = marcrâve

III.

106, 3 *punkt = semikolon*   6 *komma = kolon*   8 Mahmete
= Mahmet   14 waz *alle ausser K* = swaz (*Paul Beitr.* 2, 323;
Panzer ebenda 21, 231)   15 hôhen *alle ausser K* = hôh
punkt = 13 *punkt* (*Paul Beitr.* 2, 323; *Panzer ebenda* 21, 231)
21 geklaget *lnoptα* (*Germ.* 31, 213) = beklagt   = *ohne*
komma nach geklaget (*Karg Beitr.* 49, 54; *Leitzmann ebenda*
50, 97)   29 rîche *loptα* (*Germ.* 31, 213) = künec   107, 12 es
lpα (*Germ.* 31, 213) (ez *mnot*) = dês   29 gezæme *lmnopα*
(*Germ.* 31, 213) = des zæme   108, 7 daz *alle ausser K*
= doch   29 *punkt* = 30 *punkt*   109, 1 markîs = marcrâve
30 gezogen *lmoptx* = gezogene

111, 16 kleinez *lnoptα* (*Germ.* 31, 213) = kleine   22 wurden
lnopxα (*Germ.* 31, 213) (wart *t*) = wârn   26 markîs = marcrâf
112, 5 markîs *nopα* (*Pfeiffer, Quellenmat.* 2, 90) = marcrâve
21 des morgens *alle ausser K* = smorgens   27 markîs
= marcrâven   28 *komma = punkt*   113, 12 an *lmnopt*
= in   114, 9 des *loptx* = es   19 tet si *Kt* = tets în
(*Paul Beitr.* 2, 328)   115, 5 der *lopt* = dem   7 Naribôn
alle ausser K = Narbôn   25 cuns = der grâve   116, 2 jâhen
lnoptx = sprâchen   = *nicht zur rede*   117, 1 swer = wer
(*Göhl, Modi in d. werk. Wolfr. s.* 51 *anm.; besserung Pauls*)
118, 10 von *alle ausser K* = vor   120, 8. 9 = *ohne klammern*
mit semikolon   18 markîs *α* (*Beitr.* 45, 444) = marcrâve
121, 2 dem *lmopx* = den (*Paul Beitr.* 2, 328)   3 her
her *op* = her   8 dienstes *alle ausser K* = diens   18 Fran-
zoisære weget *Klmt* = Franzoys erwegt   27 Heimrîch *alle*
ausser K = Heimrîs   122, 2 sîn sô *mop* (wesen *t*) = sô
(*Bock Beitr.* 11, 185)   27 Irmschart *lmop* = Irmenschart
29 hin = [hin]   123, 24 niht mit im *alle ausser K* = mit

im niht   25 *fragezeichen* = *punkt*   **124,** 24 sîne *Klt*
= sîn   **127,** 2 und = [und] (*Paul Gꞌundr. d. germ. philol.*² 2,
2, 72)   3 ê dâ *Km* = dâ   4 *komma nach sâzeu* = *komma
nach* gar (*Paul Beitr.* 12, 558)   24 markîs = marcrâve
26 sich *lnopx* = sich do   **129,** 6 wol dem *alle ausser K*
= dem wol   16 = *in klammern*   21 *punkt* = 24 *punkt*
27 Gîburge *loptx* = der künegîn Gîburge   28 hinne *mnopt*
= hier inne   30 und sliezet *loptx* = besliezet   **130,** 4 markîs
= marcrâve   trûrege *Klpt* = trûric   20 dannenkêre
= dankêre   27 dienstes = diens
    131, 3 swaz *lnopt* = daz   14 erkôs *lnopt* = kôs
132, 5 *punkt* = ohne zeichen (*Paul Beitr.* 2, 323)   6 kinde
was *alle ausser K* = kinde (*Paul ebenda*)   7 markîs
= marcrâven   24 ie wart *lnopt* = wart ie   **133,** 15 und
lnopt = und ouch   30 = *komma nach* trinken   **134,** 1 einem
Klop = dem   *punkt* = *komma*   3 markîs = marcrâve
5 danne *lmnop* = wan   20 markîs = marcrâf   28 dar *alle
ausser K* = dâ   **136,** 13 markîs = marcrâve   **137,** 2 *zweites*
vor *lmnot* = von   **138,** 1 markîs *nop* = marcrâve   13 bî
im nider *alle ausser K* = nider bî im   15 markîs = marcrâve
19 markîs *n* = marcrâve   26 markîs = marcrâven   **139,** 6 diu
helfe muoz *alle ausser K* = sô muoz diu helfe gar   24 markîs
nop = marcrâven   **140,** 9 alsô *Kmnt* = als   25 der
Klmnt = do'r (*Paul Beitr.* 2, 328)   27 markîs = marcrâve
    141, 5 markîs = marcrâve   **142,** 14 siht *lnopt* = gesiht
143, 2 Pavei = Paveie   14 vürsten *mnopt* = fürste (*Paul
Beitr.* 2, 329)   23 nâhen *Kmopx* = nâhe   25 sünen vieren
= süne viere (*Paul Beitr.* 2, 329)   **146,** 10 den *lnopu* = der
11 mîne *Klnt* = mîn   17 *punkt* = 19 *punkt*   **147,** 22 wan
daz *lmnptx* = wan   23 Irmschart *mop* = Irmenschart
148, 3 rois *tu* = der künec   9 markîs = marcrâven   15 ich
lmnptu = i'm   28 liebe *Klmnop* = liebiu   29 Naribôn
lnoptu = Narbôn   **149,** 11 *punkt* = *komma*   16 *komma*
= *punkt*   **150,** 30 markîs *n* = marcrâf
    152, 6 klâre *lopu* = clâriu   11 Pavei = Paveie   Irm-
schart *mop* = Irmenschart   15 *fragezeichen* = *komma*
19 *punkt* = 20 *punkt*   **153,** 3 alsô *Iloptu* = nâch in
14 sînem *alle ausser K* = an sînem   **154,** 3 gebrechen *lmoptu*
= zebrechen   17 triubel *mnop* = drümel (*Paul Beitr.* 2, 324)

sunderbant = sunder bant 28. 29 = *in klammern* 155, 7
komma = *punkt* 18 snecleclîche *1Kot* = snellîche 156, 28 sô
mnopt = doch 158, 1 markîs *nop* = marcrâve 160, 23 Pavei
= Paveie 29 *punkt* = *komma*
161, 1 ich teile in (ich teile *ltx*, teilen *Km*, ich teile iz
op) = en teile (*Paul Beitr.* 2, 330)

IV.

162, 4 markîs *α* (*Roth, Denkm. d. d. spr. s.* 73) = marcrâven
10 ouch Gîburge *Iloptα* (*Roth, Denkm. s.* 73) = dem marcrâven
(*Paul Beitr.* 2, 319) 11 ob dem markîs (*so opα, sonst* marc-
grâven) *Iloptα* (*Roth, Denkm. s.* 73) = daz Gyburge (*Paul
ebenda*) *punkt* = 12 *kolon* 12 den *Iloptα* (*Roth, Denkm.
s.* 73) = wan in 17 *punkt* = 18 *punkt* 23 zil *IKltα* (*Roth,
Denkm. s.* 74) = spil 163, 7 *punkt* = 8 *punkt* 164, 4 wie
Ilopt = und wie 165, 30 = *ohne klammern mit punkt*
166, 8 in *Klop* = den 30 gebet *alle ausser K* = gæbet
(*Paul Beitr.* 2, 324) 167, 6 *kolon* = *komma* 7 qual
= quâl 14 diu *lmopt* = der (*Paul Beitr.* 2, 330) 20 Naribôn
I = Narbôn 26 ir wol *lnop* = ez ir 168, 4 ob *Ilopt*
= als 8 Irmschart = Irmenschart 9 hâs *Ilopt* = habst
18 sô *Ilopt* = wir 169, 7 Buov = Buove 13 helfeclîche
Klmt = helfîche 170, 10 swacher *alle ausser K* = wackerr
(*Paul Beitr.* 2, 324) 12 die sippe *Ilopt* = sippe 22 des
= dês
171, 9 mich immer *npt* = immer 172, 26 diu = die
(*einer der wenigen druckfehler*) 173, 20 werden *lnopt* =
werde 22 hôhen = [hôhen] 174, 11 und *lnopt* = und
diu 175, 10 markîs = marcrâve 176, 3 der rœmeschen
lmnot = rœmischer 5 markîs = marcrâve 7 in ... îu
= în ... in 10 markîs = marcrâve 177, 11 manec ander
alle ausser K = ander manec 179, 10 geturret *alle ausser K*
= enturret 12 und *alle ausser K* = und de 180, 3 markîs
= marcrâve 11 *punkt* = 12 *punkt*
182, 7 markîs = marcrâve 19 als *lopt* = diu (*Paul
Beitr.* 2, 319) 28 anders iemen *lnopt* = iemen anders
183, 15 Irmschart = Irmenschart 18 des = dês 21 *punkt*
= 23 *punkt* 24 dienstes *lopt* = friwende (*Paul Beitr.* 2, 319)
184, 5 erschinenen = erschinen 27 markîs = marcgrâven

186, 19 oder = [oder]   **28** dannen *Klnp* (danne *mo*) = dan
24 markîs = marcrâve   **187**, 2 ûf den *alle ausser K* =
ûfem   6 markîs = margrâve   **188**, 19 und nâch *Klmt*
= nâch   29 er zeiget *Kl* = errzeiget   **189**, 27 versmâhet
lmopt = smâhet   **190**, 5 im *lmopt* = in (*Paul Beitr.* 2, 331)
21 markîs *n* = marcrâve   23 von *loptx* = an

191, 13 Persâne *lnopt* = Persen   19 markîs *op* = marc-
grâve   29 markîs = marcgrâve   30 *komma* = *punkt*
192, 5. 6 garzûne : prisûne *Klnop* = garzûn : prîsûn   6. 13
markîs = marcgrâve   14 bien sei venuz er dô *lopt*
= en franzoys er im zuo   18 doch *alle ausser K* = ouch
22 markîs = marcgrâf   **193**, 8 und hât *lnoptx* = hât
21 dem *loptx* = wol dem   29 wirde *lmnptx* = wirden
194, 1 markîs *nox* = marcgrâven   **195**, 12 Naribôn =
Narbôn   13 Irmschart = Irmenschart   18 mit *lnoptα*
(*ungedrucktes göttinger fragment*) = von   **197**, 2 hervart
Kmnopt = vart (*Paul Beitr.* 2, 331)   5 markîs = marcgrâf
198, 1 markîs = marcgrâve   18 markîs *nop* = marcgrâf
29 markîs *no* = marcgrâf   **199**, 1 er *lnoptx* = und   22 *punkt*
= *komma* (*Panzer Beitr.* 21, 234)   24 von *mn* = und von
(*Panzer ebenda*)   **200**, 19 markîs = marcgrâven   *punkt*
= 21 *punkt*

201, 9 ir mich *lnox* = mich   habet *Knopx* = hât
203, 18 markîs = marcgrâf   25 golde *Klnprt* = golt
206, 15 newederm *mnt* = newedern   22 diu = die
(*Zwierzina Zeitschr. f. d. alt.* 44, 58)   23 haben *lmnopα*
(*Zeitschr. f. d. phil.* 13, 265) = hab   25 *komma* = 24 *komma*
(*besserung Pauls*)   **207**, 4 was *alle ausser K* = wart
5 *punkt* = 6 *punkt*   10 ein vliehen *K* = die fluht
208, 24 vertriben *lmopt* = getribn   **209**, 7 dâ wart *lnoptx*
= wart   17 markîs = marcgrâve   22 daz *lmn* = dâ
(*Paul Beitr.* 2, 324)   23 = *komma nach* stuont   **210**, 17 habe
daz *alle* = habez   23 *punkt* = 22 *punkt*

211, 21 markîs *α* (*Roth, Denkm. s.* 75) = marcgrâven
212, 8 phlegen *lop* = lebn   10 sô solde der truhsæze *lmoptα*
(*Roth, Denkm. s.* 76) = der truhsæze solde   14. 18 markîs
= marcgrâven   28 sunderslâ *lmnt* = sunderr slâ   30 des
= dês   **213**, 10 an einem *alle ausser x* = anme (*Paul
Beitr.* 2, 336)   **214**, 5 *punkt* = 4 *punkt*   13 markîs

= marcrâve   14 nâhen *Kmopt* = nâhe   21 manlîch *Kmn*
= rîch   27 = *ohne klammern*

V.

215, 4 daz *lopt* = und daz (*Panzer Beitr.* 21, 234)
15 allez *lmopt* = al   17 markîs = marcrâven   23 markîs
n = marcrâve   **216**, 8 *punkt* = 11 *punkt*   22 *komma*
= *kolon* (*Panzer Beitr.* 21, 234)   23 daz si *lmnpt* = daz
217, 1 und *lopt* = und ander   9 armer *lnox* (arme *t*) = arm
15 Arâbel *lopt* = Gyburc   19 Mahmete *alle ausser K*
= Mahumete   **218**, 17 *kolon* = 18 *punkt*   28 erstirbet
mnoptxα (*Zeitschr. f. d. phil.* 13, 268) = enstirbet   **220**, 12
markîs *α* (*Zeitschr. f. d. phil.* 13, 269) = marcrâve   27 boien
und von (von *Klmopt*) = von boin und   28 allen sînen
Km = allen   30 diene *lnoptα* (*Germ.* 17, 443) *α* (*Zeitschr.
f. d. phil.* 13, 269) = diente

222, 11 des = dês   22 dannenkêre *lnopt* = dankêre
223, 10 slingære *lmopt* = slingære unt   25 ûfe = ûf
27 markîs = marcrâve   **224**, 5 markîs = marcrâf   9 Fran-
zoisære *lopt* = Franzoys   18 behalden *mnopt* = halten
226, 21 dannen *Klnop* = dan   **227**, 3 markîs *op* = marcrâve
20 markîs = marcrâve   26 was in *alle ausser x* = was
(*Paul Beitr.* 2, 331)   **229**, 4 markis = marcrâven   **230**, 9
punkt = 10 *punkt*   19 markîs = marcrâve   25 hânt
des *lmnoz* = hânts

231, 15 Ôransche = [Oransche]   **232**, 14 markîs =
marcrâve   **233**, 9 markîs = marcrâve   11 suln *alle*
= sol (*Paul Beitr.* 2, 66)   **234**, 13 markîs = marcrâve
sprach *Kmnoptx* = *fehlt*   14 vrouwe *Kmnoptx* = sprach
vrowe   17 wirtschaft *alle ausser Kt* = wirtschefte   **235**, 14
ersach *lnoptzα* (*Sitzungsber. d. wien. akad. phil.-hist. kl.* 11, 658)
= gesach   **236**, 23 markîs = marcrâve   25 *punkt*
= 28 *punkt*   30 komen *lnoptzα* (*Sitzungsber.* 11, 659) =
komende   **237**, 15 des markîs (des marcrâven *Kmn*) =
Willehalms   19 Naribôn = Narbôn   *punkt* = 21 *punkt*
238, 2 von grôzer *alle* = grôzer   26 *punkt* = 25 *punkt*
(*Paul Beitr.* 2, 331; *Panzer ebenda* 21, 234; *Kraus ebenda
s.* 556)   **239**, 5 markîs = marcrâve   **240**, 9 *punkt* =
8 *punkt* (*Paul Beitr.* 2, 331)   26 rois = der künec

241, 21. 22 ummevân : hân *alle* = umbehaben : haben (*Paul Beitr.* 2, 332; *Panzer ebenda* 21, 235; *Zwierzina Abh. z. germ. phil. f. Heinzel s.* 468) **242**, 13 ûz sînen *alle ausser pt* = ûzen (*Paul Beitr.* 2, 336) **243**, 5 *punkt* = 6 *punkt* 10 des werden = [des werden] 17 *kolon* = 18 *kolon* **244**, 4 markîs = marcrâve 16 ûfe = ûf **245**, 1 markîs *nop* = marcgrâf **247**, 5 *punkt* = 10 *punkt nach iu* (*Paul Beitr.* 2, 332) 27 die *mnoptz* = der (*Paul Beitr.* 2, 332; *Panzer ebenda* 21, 235) *kolon* = *komma* 28 den *mnoptz* = dem 29 in *mnoptz* = iun **249**, 4 des *mt* (daz *lnopz*) = deis 23 Naribôn = Narbôn 25 er *loptz* = und (*Paul Beitr.* 2, 320) **250**, 15 wir *loptz* = wan wir

251, 12 er *Kloptz* = der 22 diu beste *Kmpzα* (*Zeitschr. f. d. alt.* 9, 188) = beste 25 und *nopt* (unde iu *Kmz*) = iu (*Paul Beitr.* 2, 332; *Leitzmann ebenda* 50, 97) 27 vriunde *lnoptz* = vriunden **252**, 10 mit *lnoptα* (*Sitzungsber. d. wien. ak. phil.-hist. kl.* 11, 661) = mit dem 29 liepsten *alle ausser K* = liebstem **253**, 3 des *alle ausser K* = deis 10 gemachet *lnoptzα* (*Zeitschr. f. d. alt.* 9, 189) = machet unde 12 ach waz *Kmnopα* (*Zeitschr. f. d. alt.* 9, 190) = ich was (*Paul Beitr.* 2, 332; *Panzer ebenda* 21, 235) = *punkt* (*Paul und Panzer ebenda*) 13 beide *alle* = leide (*Paul und Panzer ebenda*) 19 die = [die] 25 Vîvîanzen der *Kmnopα* (*Zeitschr. f. d. alt.* 9, 190) = Vîvîanz (*Jänicke, De dic. usu Wolfr. s.* 35; *Paul Beitr.* 2, 333; *Leitzmann ebenda* 50, 98) **254**, 29 *punkt* = *komma* **255**, 2 *fragezeichen* = *komma* 4 rois = der künec 6. 9. 11. 12 *komma* = *punkt* 14 = *ohne klammern mit punkt* **256**, 30 widerwegeu *alle ausser K* = überwegen (*Paul Beitr.* 2, 324) **257**, 19 markîs = marcgrâve 22 rôtez *lnoptz* = vil rôtez **258**, 7 die wâren = [die wâren] 26 von Sanctes = [von Sanctes] **259**, 17 *punkt* = 18 *punkt* **260**, 6 und sprâchen *Km* (jâhen *opα* (*Pfeiffer, Quellenmat.* 2, 85)) = und (*Paul Beitr.* 2, 333) 9 markîs = marcrâven 18 senewen *Klntzα* (*Pfeiffer, Quellenmat.* 2, 85) = senewe

261, 17 Naribôn = Narbôn 20 ûfe *Kα* (*Pfeiffer, Quellenmat.* 2, 85) = ûf **263**, 3 dienstes *Klnopt* = diens **264**, 17 *komma* = *kolon* **265**, 11 gâben *lnoptzα* (*Zeitschr. f. d. alt.* 17, 407) = heten **266**, 9 *punkt* = *komma*

14 ringe *Klnptα* (*Zeitschr. f. d. alt.* 17, 407) = rinc   **267**, 1
markîs — marcrâve   8 schouwen *lnoptα* (*Zeitschr. f. d. alt.*
17, 407) = beschouwen   13 dienstes *optα* (*Zeitschr. f. d. alt.*
17, 408) = diens   27 Poidjus = [Poydjus]   **268**, 3
= *ohne komma* (*Leitzmann Beitr.* 50, 98)   9 lieze sîn
Kmntzα (*Zeitschr. f. d. alt.* 17, 408) = liez (*Bock Beitr.*
11, 186)   25 *kolon* = 24 *punkt* (*Paul Beitr.* 2, 333)   28 hôhes
muotes *Kloptzα* (*Zeitschr. f. d. alt.* 17, 408) = hôhmuotes

Willehalm

I.

1   Âne valsch dû reiner,
    dû drî und doch einer,
    schephære über alle geschaft,
    âne urhap dîn stætiu kraft
5   âne ende ouch belibet.
    ob diu von mir vertrîbet
    gedanke, die gar vlüstec sint,
    sô bistû vater und ich kint,
    hôch edel ob aller edelkeit.
10 lâ dîner tugende wesen leit,
    dâ kêre dîne erbarme zuo,
    swâ ich, herre, an dir missetuo.
    lâz, herre, mich niht übersehen,
    swaz mir sælden ist geschehen
15 und endelôser wünne.
    dîn kint und dîn künne
    bin ich bescheidenlîche,
    ich arm und dû vil rîche:
    dîn mennescheit mir sippe gît.
20 dîner gotheit mich âne strît
    der pâter noster nennet
    zeinem kinde erkennet.
    sô gît der touf mir einen trôst,
    der mich zwîvels hât erlôst:
25 ich hân gelouphaften sin,
    daz ich dîn genanne bin,
    wîsheit ob allen listen.

dû bist Krist, sô bin ich kristen.
   dîner hœhe und dîner breite,
30 dîner tiefe antreite
   wart nie gezilt anz ende.
   ouch loufet in dîner hende
   der siben sterne gâhen,
   daz si den himel widervâhen.
 5 luft, wazzer, viur und erde
   wont gar in dînem werde.
   ze dînem gebote ez allez stêt,
   dâ wilt und zam mit umme gêt.
   ouch hât dîn gotlîchiu maht
10 den liehten tac, die trüeben naht
   gezilt und underscheiden
   mit der sunnen louft in beiden.
   nimmer wirt, nie wart dîn ebenmâz.
   al der steine kraft, der würze wâz
15 hâstû bekant unz an daz ort.
   der rehten schrift dôn und wort
   dîn geist hât gesterket:
   mîn sin dich kreftec merket.
   swaz an den buochen stêt geschriben,
20 des bin ich künstelôs beliben:
   niht anders ich gelêret bin,
   wan hân ich kunst, die gît mir sin.
      diu helfe dîner güete
   sende in mîn gemüete
25 unlôsen sin sô wîse,
   der in dînen namen geprîse
   einen ritter, der dîn nie vergaz.
   swenne er gediende dînen haz
   mit sündehaften dingen
30 dîn erbarme kunde in bringen
   an diu werc, daz sîn manheit
   dînen hulden wandels was bereit.
   dîn helfe in dicke brâhte ûz nôt.
   er liez en wâge iewedern tôt,
 5 der sêle und des lîbes.
   durch minne eines wîbes

er dicke herzenôt gewan.
lantgrâve von Düringen Herman
tet mir diz mære von im bekant.
10 er ist en franzois genant
cuns Gwillams de Orangis.
ein ieslîch ritter sî gewis,
der sîner helfe in angest gert,
daz er der nimmer wirt entwert,
15 er ensage die selben nôt vor gote:
der unverzagete werde bote
erkennet ritter kummer gar.
er wart selbe dicke harnasvar.
den stric bekande wol sîn hant,
20 der den helm ûfz houbet bant
gein sînes verhes koste.
er was ein zil der tjoste:
bî vînden man in dicke sach.
der schilt von arte was sîn dach.
25 man hœret in Francrîche jehen,
swer sîn geslehte kunde spehen,
daz stüende über al ir rîche
der vürsten kraft gelîche:
sîne mâge wâren die hœsten ie.
30 âne den keiser Karlen nie
4   sô werder Franzois wart erborn:
dâ vür was und ist sîn prîs erkorn.
    dû hâs und hetes werdekeit,
helfære, dô dîn kiusche erstreit
5 mit diemuot vor der hœsten hant,
daz si dir helfe tet erkant.
helfære, hilf in und ouch mir,
die helfe wol getrûwent dir,
sit uns diu wâren mære
10 sagent, daz dû vürste wære
hie en erde: als bist ouch dort.
dîn güete emphâhe mîniu wort,
herre sande Willehalm.
mîns sündehaften mundes galm
15 dîn heilekeit an schrîet:

sît daz dû bist gevrîet
vor allen hellebanden,
sô bevogete ouch mich vor schanden,
mich Wolfram von Eschenbach.
20   swaz ich von Parzivâl gesprach,
des sîn âventiure mich wîste,
etslîch man daz prîste:
ir was ouch vil, diez smæhten
und baz ir rede wæhten.
25 gan mir got sô vil der tage,
sô sage ich mîne und ander klage,
der mit triuwen phlac wîp und man,
sît Jêsus in den Jordan
durch toufe wart gestôzen.
30 unsanfte mac genôzen
5   diutscher rede deheine
dirre, die ich nû meine,
ir letze und ir beginnen.
swer werdekeit wil minnen,
5 der lade dise âventiure
in sînem hûse ze viure:
diu vert hie mit den gesten.
Franzoisære die besten
hânt ir des die volge lân,
10 daz süezer rede wart nie getân
mit wirde und ouch mit wârheit.
underswanc noch underreit
gevalschte dise rede nie:
des jehent si dort. nû hœrt si ouch hie:
15 diz mære ist wâr, doch wunderlîch.

Von Naribôn cuns Heimrîch
alle sîne süne verstiez,
daz er in bürge noch huobe liez
noch der erde dehein sîn rîcheit.
20 ein sîn man sô vil bî im gestreit,
unz er den lîp bî im verlôs:
des kint er zeinem sune erkôs.
er hete ouch den selben knaben

durch triuwe ûz der toufe erhaben.
25 er bat sîn süne kêren
und selbe ir rîcheit mêren
in diu lant, swâ si möhten;
ob si ze dienste iht töhten,
stieze in diu sælde rehtiu zil,
30 si erwürben rîches lônes vil.
6 'welt ir urborn den lîp,
hôhen lôn hânt werdiu wîp:
ir vindet ouch etswâ den man,
der wol dienstes lônen kan
5 mit lêhen und mit anderm guote.
hin ze wîben nâch hôhem muote
sult ir die sinne rihten
und an ir helfe phlihten.
der keiser Karl hât vil tugent:
10 iuwer starken lîbe, iuwer schœne jugent,
die antwurtet in sîn gebot.
des muoz in wenden hôhiu nôt,
er enrîche iuch immer mêre:
sîn hof hât iuwer êre.
15 dem sult ir dienstes sîn bereit:
er erkennet wol iuwer edelkeit.'
diz was sîn wille und des bater.
sus schieden si sich von ir vater.
lât iu die helde nennen,
20 daz ir geruochet si erkennen.
daz eine was Gwillams,
daz ander Bertrams.
sus was genant sîn dritter sun:
der klâre süeze Buovun.
25 Heimrîch hiez der vierde,
des tugent vil lande zierde.
Arnalt und Bernart
die muosten an die selben vart.
der sibende der hiez Gîbert:
30 der was ouch hövesch unde wert.
7 wie vil si sorgen dolten
und waz si ouch vreude erholten

　　　und wie ir manlîchiu kunst
　　　wîbe minne und ir herzen gunst
　5　mit ritterschaft bejageten
　　　und dicke alsô betageten,
　　　daz man si in hôhem prîse sach
　　　(selten senftekeit, grôz ungemach
　　　wart den helden sît bekant:
10　durch prîs si wâren ûz gesant),
　　　um der andern dienst und um ir varn
　　　wil ich nû mîne rede sparn
　　　und grîfen an den einen,
　　　den diu âventiure wil meinen:
15　Willehalm der selbe hiez.
　　　ouwê, daz man den niht liez
　　　bî sînes vater erbe!
　　　swenne der nû verderbe,
　　　dâ liget doch mêr sünden an,
20　denne almuosens dort gewan
　　　an sînem toten Heimrîch:
　　　ich wæne, ez wiget ungelîch.
　　　　ir habet ouch ê wol vernomen
　　　(es endarf iu nû niht mære komen),
25　wie daz mit dienste sich gezôch,
　　　des manec hôhez herze vreude vlôch.
　　　Arâbeln Willehalm erwarp,
　　　dar um unschuldec volc erstarp.
　　　diu minne im leiste und ê gehiez,
30　Gîburc si sich toufen liez.
　8　waz hers des mit tôde engalt!
　　　ir man, der künec Tîbalt,
　　　minnen vlust an ir klagete:
　　　ûz vreude in sorge jagete
　5　mit kraft daz herze sînen lîp.
　　　er klagete êre unde wîp,
　　　dar zuo bürge unde lant.
　　　sîn klage mit jâmer wart bekant
　　　unz an die ûzern Indîâ.
10　Provenze her und ouch dâ
　　　gewan sît jâmers künde.

des mers vluot der ünde
mac sô manege niht getragen,
als liute drumme wart erslagen.
15   nû wuohs der sorge ir rîcheit,
dâ vreude urbor ê was bereit.
diu wart mit rehten jâmers siten
alsô getret und überriten:
von gelücke si daz nâmen,
20 hânt vreude noch den sâmen
der Franzoisære künne.
der heidenschefte wünne
ouch von jâmers kraft verdarp.
der markîs Willehalm erwarp,
25 des er vür hôhe sælde jach:
swaz dâ enzwischen sît geschach,
des geswîge ich von in beiden,
den getouften und den heiden,
und sage des hers überkêr.
30 daz brâhte der künec Terramêr
9   ûf dem mer zeinen stunden
in kielen und in tragemunden,
in ussieren und in kocken.
swer sich daz an wil zocken,
5 er habe grœzer her gesehen,
daz ist im selten sît geschehen.
    mâge und man hete er gebeten.
sînem liepsten got Mahmeten
und andern goten sînen,
10 den liez er dicke erschînen
mit opher manege êre
und klagete in ouch vil sêre
von Arâbeln, diu sich Gîburc
nande und diu mit toufe kurc
15 was manegen ougen worden
durch kristenlîchen orden,
diu edel küneginne.
durch liebes vriundes minne
und durch minne von der hœsten hant
20 was kristen leben an ir bekant.

Terramêr was ir vater.
Arofeln sînen bruoder bater
und den starken Halzebier.
die zwêne manec ussier
25 in sîne helfe brâhten.
wol si des gedâhten:
Terramêres rîcheit
was kreftec, wît unde breit
und daz ander künege ir krône
30 durch manneschaft ze lône
10 von sîner hende emphiengen
und dienst gein im begiengen.
die vürsten ûz sînem rîche
die vuoren krefteclîche,
5 den erz gebieten wolde.
ouch streich nâch sînem solde
vil manec werlîcher man.
wie manec tûsent er gewan
der werden Sarrazîne!
10 die man hiez die sîne,
die prüeve ich alsus mit der zal:
er bedacte berge und tal,
dô man komen sach den werden
ûz den schiffen ûf die erden
15 durch den künec Tîbalt,
des manec getoufter man engalt
zAlischanz ûf dem plân.
dâ wart solh ritterschaft getân,
sol man ir geben rehtez wort,
20 diu mac vür wâr wol heizen mort.
    swâ man sluoc oder stach,
swaz ich ê dâ von gesprach,
daz wart nâher wol gelendet
denne mit dem tôde gendet:
25 diz engiltet niht wan sterben
und an vreuden verderben.
man nam dâ wênec sicherheit,
swer den andern überstreit,
den man doch tiure hete erlôst:

30 diz was ze beider sît ir trôst,

11   niht wan manlîchiu wer.
des künec Terramêres her
und die Willehalmes mâge,
die liezen vaste en wâge
5 beidiu vinden unde vlust.
dô riet sîn manlîch gelust
dem werden künege Tîbalt,
daz er reit mit gewalt
nâch minne und nâch dem lande:
10 sîne vlust und sîne schande
wolde er gerne rechen.
waz mac ich mêr nû sprechen,
wan daz sîn sweher Terramêr
im brâhte manegen künec hêr,
15 rîche und manlîch erkant?
Mahmete und Tervigant
wurden dicke an geschrît,
ê daz ergienge dirre strît.
Terramêr unvuoget,
20 daz in des niht genuoget,
des sîne tohter dûhte vil.
bescheidenlîch ich sprechen wil,
swen mîn kint ze vriunde erkür,
ungerne ich den ze vriunt verlür.
25 Willehalm ekurneis
was sô wert ein Franzeis,
des noch bedörfte wol ein wîp,
ob si alsô kürlîchen lîp
durch minne bræhte in ir gebot:
30 sîn sweher hazzete in âne nôt.

12   ez muoz nû walzen, als ez mac:
etswenne ouch hôhes muotes tac
mit vreuden künfte sît erschein.
Terramêr wart des enein,
5 ûf Alischanz er kêrte,
dâ strît sîn her gelêrte,
des er nimmer mêr wart vrô.
wie tet der wîse man alsô?

si wâren im sippe al gelîche,
10 Willehalm der lobes rîche
und Tîbalt, Arâbeln man,
durch den er herzesêre gewan
vor jâmer nâch dem bruoder sin
und manegen werden Sarrazîn
15 dem tôde ergap ze zinse.
ein herze, daz von vlinse
im doner gewahsen wære,
daz müeten disiu mære.
        ûf daz velt Alischanz
20 kom manec niuwer schilt al ganz,
der dürkel wart von strîte.
der breite und ouch der wîte
bedorfte Terramêres her,
dô si ûz den schiffen von dem mer
25 ieslîcher reit ze sîner schar,
der er durch ritterschaft nam war,
ê man sluoc oder stach.
dâ was von pusînen krach
und ouch von maneger tambûr.
30 Gîburge süeze wart in sûr,

13 den heiden und der kristenheit.
nû muoz ich guoter liute leit
künden mit der wâren sage.
        an ir urteillîchem tage
5 ûf Alischanz erzeiget wart
gein Terramêres übervart,
daz man sach mit manlicher wer
des markîs Willehalmes her,
die hant vol, als er mohte hân.
10 si hetenz ungerne lân:
ein teil sîns künnes was im komen
und ouch die hêten genomen
starkiu dienst von sîner hant,
an den er niht wan triuwe vant.
15 dô reit sînem vanen bî
Witschart und Gêrart von Blavî
und der phalenzgrâve Bertram,

der nie zageheit gewan
under brust inz herze sîn
20 (daz wart ûf Alischanz wol schîn),
und der klâre süeze Vîvîans.
ich wære immer mêr ein gans
an wizzenlîchen triuwen,
ob mich der niht solde riuwen.
25 ouwê, daz sîniu jungen jâr
âne mundes granhâr
mit tôde nâmen ende!
von hôher vreude ellende
wart dar under sîn geslehte:
30 daz tâten si mit rehte.

14   ei Heimrîch von Naribôn,
dîns sunes dienest jâmers lôn
durch Gîburge minne emphienc.
swaz si genâde an im begienc,
5 diu wart vergolten tiure,
alsô daz diu gehiure
ouch wîplîcher sorgen phlac.
ûf erde ein vlüsteclîcher tac
und himels niuwe sunderglast
10 erschein, dô manec werder gast
mit engeln in den himel vlouc.
ir sælekeit si wênec trouc.
die durch Willehalmen striten
und die mit manlîchen siten
15 kômen, lât ir nennen mêr.
ist werdekeit von prîse hêr
und ist der prîs diu werdekeit,
diu zwei sint einez wol sô breit,
dâ von gelücke wirdet ganz.
20 der Burgunjois Gwigrimanz
und des **markîs** swesterkint
Mîle, die zwêne vürsten sint
zÔransche komen în.
der werden sol noch mêre sîn:
25 ich meine den klâren Jozeranz
und Hûwesen von Meilanz.

die viere heten hie den prîs
und sint nû dort in dem pardîs.
ei Gîburc, süeze wîp,
30 mit schaden erarnet wart dîn lîp.

15   Gaudîns der brûne kom ouch dar
und Kibelîns mit dem blanken hâr
und ouch von Tolûse Gaudiers
und Hûnas von Sanctes, ob ir mirs
5 geloupt, sô wil ich zieren
diz mære mit den vieren.
die heten ob dem wunsches zil
der hôhen werdekeit sô vil:
swer prîses dâ daz minner truoc
10 under in, es hete iedoch genuoc
von drîn landen al diu diet.
der tac diu wîp von vreuden schiet,
ob si minne erkanden:
ich meine, die dar sanden
15 ir vreuden schilt vür riuwe.
ist minne wâriu triuwe,
sô erwarp dâ maneges heldes tôt
den wîben dâ heime jâmers nôt.
ich enmac niht gar benennen sie,
20 die dem marcgrâven hie
kômen werlîche.
der arme und der rîche
sint beide in die zal benant:
vür zweinzec tûsent si bekant
25 wâren, dô si sich scharten.
die heiden wênec sparten,
Provenzâle und Burgunjoise
und der rehten Franzoise
hete er gehabet gerne mêr.
30 dô reit der schadehaften kêr
16   der marcgrâve unverzaget:
sus wart mir von im gesaget.
wie er die heiden ligen sach?
under manegem samîtes dach,
5 under manegem phelle lieht gemâl.

innerhalp von zindâl
wâren ir hütte und ir gezelt,
zAlischanz ûf daz velt
geslagen mit seilen sîdîn.
10 ir banier gâben schîn
von tiuren vremdeclîchen sniten:
al nâch der gâmâne siten
der schein dâ solh wunder,
âne wahs enkan besunder
15 mit zal ich iu bereiten
ûf des veldes breite
ir gezelt. swenne ich diu prüeven wil,
man mac der sterne niht sô vil
gekiesen durch die lüfte.
20 niht anders ich mich güfte,
wan des mich diu âventiure mant.
nû wart der heidenschaft bekant,
daz kœmen die getouften,
die stuol ze himele kouften.
25   der markîs ellens rîche
mante unverzagetlîche
ir manheit sîn geslehte
durch got und durch daz rehte
und ir werlîchen sinne
30 durch der zweier slahte minne,
17   ûf erde hie durch der wîbe lôn
und ze himele durch der engel dôn.
'helde, ir sult gedenken
und lât uns niht verkrenken
5 die heiden unsern gelouben,
die uns des toufes rouben
wolden, ob si möhten.
nû seht, war zuo wir töhten,
ob wir liezen solhen segen,
10 des wir mit dem kriuze phlegen.
wan sît sich kriuzewîs erbôt,
Jêsus von Nâzarêt, dîn tôt,
dâ von hânt vlühteclîchen kêr
die bœsen geiste immer mêr.

15 helde, ir sult des nemen war,
    ir traget sîns tôdes wâpen gar,
    der uns von helle erlôste:
    der kumt uns wol ze trôste.
    nû wert êre unde lant,
20 daz Apolle und Tervigant
    und der trügehafte Mahmete
    uns den touf iht under trete.'
     der marcgrâve Willehalm
    und die getouften hôrten galm
25 von manegen pusînen.
    nû was mit al den sînen
    zorse komen, swiez drum ergê,
    der künec von Falfundê,
    der starke küene Halzebier.
30 manegen stolzen soldier

18   und manegen edelen amazûr
    er vuorte: die nam untûr,
    sît si vürsten hiezen,
    sô wolden si geniezen
5 ir kraft und ir edelkeit,
    daz in der prîs wære bereit
    vor der andern hers vluot.
    manec vürste hôchgemuot
    kom dâ mit scharn zuo geriten,
10 die durch Halzebieren striten.
    in sîn helfe was benant
    drîzec tûsent werlîch erkant,
    sarjande und ritterschaft.
    Halzebier kom mit kraft.
15 an der selben zîte
    des hebens an dem strîte
    sîne turkopel phlâgen.
    die dâ gestreut lâgen,
    swie si heten în gezogen
20 mit künste manegen starken bogen,
    ir lâzen und ir ziehen,
    ir wenken und ir vliehen
    wart in gar vergolden,

sît muosten unde solden
25 die getouften wer bieten.
die heiden sich berieten:
ir herzeichen wart benant,
si schrîten alle Tervigant.
daz was ein ir werder got:
30 si leisten gerne sîn gebot.
19 Munschoie was der getouften ruof,
die got ze dienste dar geschuof.
hie der stich, dort der slac:
jener saz, dirre lac.
5 die ze beider sît dâ tohten
gein strîte, die wâren gevlohten
in ein ander sêre.
dô gienc ez an die rêre
von den orsen ûf die erden.
10 heiden der werden
lac dâ manec hundert tôt.
die getouften dolten nôt,
ê si die schar durchbrâchen.
die heiden sich des râchen
15 manlîch und unverzaget,
daz ez mit jâmer wart beklaget
von den gotes soldieren.
solde ich si zimieren
von rîcher kost, als si riten,
20 die mit den getouften striten,
sô müeste ich nennen manegiu lant,
tiure phelle drûz gesant
von wîben durch minne
mit spæhelîchem sinne.
25 die heiden heten kursît,
als noch manec vriundîn gît
durch gezierde ir âmîse.
nâch dem êweclîchen prîse
die getouften strebeten:
30 die wîle daz si lebeten,
20 die heiden schaden dolten
und die getouften holten

vlust unde kummer.
man gesach den liehten sumer
5 in sô maneger varwe nie,
swie vil der meie uns brâhte ie
vremder bluomen underscheit:
manec storje dort geblüemet reit,
gelîch gevar der heide.
10 nû gedenke ich mir leide,
sol ir got Tervigant
si ze helle hân benant.
    si mohten under hundert man
einen kûme zîser hân:
15 des wart ir lieht anschouwen
ungevuoge verhouwen.
si wâren ir lebens milte:
swâ man si âne schilte
traf, dâ spürte man diu swert
20 sô, daz manec heiden wert
aldâ der orse teppech wart.
mit swerten was vil ungespart
ir hôch gebende snêvar:
dar under âne harnas gar
25 was dâ manec edel houbet,
daz mit tôde wart betoubet.
ouch vrumten si mit kiulen
durch die helme alsolhe biulen,
des under der getouften diet
30 vil maneger von dem leben schiet.
21   Pinel fîz Kâtor,
der zallen zîten was dâ vor,
dâ man die poinder stôrte,
von sîner hant man hôrte
5 manegen ellenthaften slac,
ê daz der helt tôt belac
von des marcgrâven hant,
des al der Sarrazîne lant
von vreuden wart gescheiden.
10 daz was ein werder heiden.
    der strît wart beidenthalben sûr.

der markîs einen amazûr
ouch sluoc, der was vil rîche.
gâhes ritterlîche
15 (er wolde dannoch sich niht scharn)
Terramêr kom gevarn
ûf einem orse, hiez Brahâne:
dô kêrte er gein dem plâne,
er wolde den buhurt wenden.
20 er vorhte, ez solde in schenden,
ob er von strîte kêrte:
sîn manheit in lêrte,
einer schedelîchen tjost er phlac,
dâ von der edel Mîle lac
25 tôt vor Terramêre,
den die Franzoisære sêre
unz an ir ende klageten,
die dâ sorgen vil bejageten.
Terramêr reit wider în
30 zuo dem grôzen ringe sîn.

22   dürkel wart dô der heiden schar:
zegegen, wider, her und dar
wart mit manlîchen siten
Halzebieres her durchriten,
5 des küenen und des starken.
man möhte in eine barken
sô manege banier niht gelegen,
sô die getouften sâhen wegen
den wint gein in ob hers kraft.
10 dô kom geruowetiu ritterschaft
an der selben zîte
gevarn gein dem strîte
mit maneger sunderstorje grôz.
die vuorte ein man, den nie verdrôz
15 strîtes noch ritterlîcher tât:
sîn werdekeit noch volge hât,
daz er warp um ritterlîchen prîs.
der hiez Noupatrîs:
er hete ouch jugent und liehten schîn.
20 zÔraste Gentesîn

truoc er krône: ez was sîn lant.
dan verjaget und dar gesant
hete in der wîbe minne:
sîn herze und des sinne
25 ranc nâch wîbe lône.
von rubîn ein krône
ûf sînem liehten helme was:
lûter als ein spiegelglas
was der helm unverdecket glanz.
30 gegen dem kom Vîvîanz,

23 des marcgrâven swestersun:
der kunde ouch werdekeit wol tuon.
sus was bewart sîn klâriu jugent:
dehein ort an sîner tugent
5 was ninder mosec noch murc,
wande in diu künegîn Gîburc
von kinde zôch und im sô riet,
daz sîn herze nie geschiet
von durchliuhtegem prîse.
10 der junge und der wîse
sach gein im stolzlîche komen,
von des tjoste wart vernomen
jâmer unde herzen nôt.
si wurben beide um den tôt.
15 ich bin noch einer, swâ manz saget,
der ir tôt mit triuwen klaget,
disen durch prîs und durch den touf
und jenen durch den stæten kouf:
sîn jugent vil prîses gerte,
20 wan in sîn herze werte
maneger ritterlîchen ger.
sîn schaft was rœrîn in dem sper
und daz îsen scharph und breit.
mit volleclîchem poinder reit
25 der heiden vor den sînen.
under al den Sarrazînen
was ninder banier alsô guot,
als die der künec hôchgemuot
in sîner hende vuorte.

30 daz ors mit sporn er ruorte,

24   als er tjostieren wolde.

von gesteine und von golde

was rîchiu koste niht vermiten:

in die banier was gesniten

5 Âmor der minne zêren

mit einem tiuren gêre,

durch daz wan er nâch minnen ranc.

daz ors von rabîne spranc

gein dem jungen Franzois,

10 der ouch manlîch und kurtois

was und dar zuo hôchgemuot,

als noch der prîses gernde tuot.

in hete durch sippe minne

Gîburc diu küneginne

15 ouch wol gezimieret.

die kômen gehurtieret,

mit snellem poinder dar getriben.

ob diu sper ganz beliben?

nein, ir tjost wart sô getân,

20 durch die schilte und durch beide man.

ietwederm von des andern hant

wart harnas und verh zetrant

und beidiu sper enzwei geriten,

ietweders kraft alsô versniten,

25 daz es der tôt sîn bürge wart.

Vîvîanz vaste ungespart

sluoc den künec durch den gekrônten helm,

daz beidiu gras und der melm

under im wart von bluote naz.

30 der heiden lebens dô vergaz.

25   dâ ergienc ein schedelîch geschiht

und ein jæmerlîchiu angesiht

von den sînen, die daz sâhen.

si wolden helfe gâhen:

5 ir helfe was ze spâte komen.

ungesehen und unvernomen

was manegem heiden dâ sîn tôt,

der doch sîn verh en wâge bôt

durch prîs und durch der wîbe lôn.
10 Witschart und Samsôn
des geslehtes von Blavî,
die hurten Vîvîanze bî
und hulfen im: doch leit er nôt.
Âmor der minnen got
15 und des bühse und sîn gêr
heten durchvartlîchen kêr
in der baniere
durch in genomen schiere,
daz man si rückeshalben sach,
20 von sküneges hant, der si dâ stach
Vîvîanz durch den lîp
(des manec man unde wîp
gewunnen jâmers leide),
so daz imz geweide
25 ûz der tjost übern satel hienc.
der helt die banier dô gevienc
und gurtez geweide wider în,
als ob in ninder âder sîn
von deheinem strîte swære:
30 der junge lobesbære

26   hurte vürbaz in den strît.
Tîbaldes râche und des nît
ist alrêst um den wurf gespilt.
swen noch des schaden niht bevilt,
5 der mac in vürbaz vernemen.
des guotiu wîp niht darf gezemen,
sô sterbenlîcher mære
um ir dienære.
    daz was almeistec minnen her,
10 die manlîch ûf des lîbes zer
wâren benant vür tjostiure:
manec heiden vil gehiure
was dâ ze vorvlüge komen.
ir aller name wirt unvernomen
15 (die brâhte ouch Noupatrîs):
iedoch die den hœsten prîs
heten und den hœsten art

an der tjoste vürvart,
die nenne ich iu vür unbetrogen,
20 künege unde herzogen
und etlîchen amazûr.
ich hân manegen nâchgebûr,
der si niht gar bekande,
ob ich si im zwirnt nande.
25   von Sêres Eskelabôn,
der dicke tougenlîchen lôn
von werder vriundîn emphienc,
swelhiu genâde an im begienc,
der was nâch sîner minne wê.
30 sîn bruoder Galafrê,

27   der was noch wîzer denne ein swane:
ob mich diu âventiure des mane,
daz ich in müeze prîsen,
daz envelschen niht die wîsen.
5 die truogen beide krône.
wir suln ouch Glôrîône
und dem stolzen Faussabrê
und dem künege Tampastê
und dem herzogen Môrant
10 bekennen, daz der sehser hant
vil ritterlîcher tjost dâ reit.
der rîche Rûbîûn dâ streit
und der künec Sînagûn,
Halzebieres swestersun,
15 des diu heidenschaft hete êre.
der hôhen was niht mêre
dennoch an die ritter komen.
    nû hete ouch Halzebier genomen
schumfentiure von strîtes nôt:
20 sîner drîzec tûsent was dâ tôt
wol diu zwei teil belegen.
die getouften muosten phlegen,
daz si begunden niuwer wer
gegen Noupatrîses her,
25 der selbe sehste künege was.
durch minne unminne in ûf daz gras

valte ein tjost und ein slac:
vor Vîvîanz er tôt belac,
dem jungen Franzeise.

30 dô breite sich diu reise
28 niht von vlühteclîcher jage:
zwêne wartman mit sage
brâhten Terramêr diu mære,
daz enschumfieret wære
5 Halzebier von strîtes nôt
und daz belegen wære tôt
Noupatrîs der milte
und daz der strît sich zilte
gein dem her mit maneger hurte.
10 die der markîs vuorte,
die möhte ein huot verdecken:
'wir solden si ummestecken
mit dem zehenden unser phîle:
si mugen deheine wîle
15 vor dem her getûren.'
eskelîren und amazûren
und den künegen, die dâ houbetman
wâren, den wart dô kunt getân,
man begunde jungen und alden sagen,
20 daz selbe wâpen wolde tragen
Terramêr der zornec gemuot.
     dô regete sich diu hers vluot.
von Arâbî und von Todjerne
die künege dô gâhten gerne,
25 Tîbalt und Ehmereiz sîn sun,
und der künec Turpîûn:
des lant hiez Falturmîê.
die kômen an die ritter ê
dan der künec Poufameiz
30 oder von Amatiste Josweiz
29 oder dan der künec Arfiklant
und des bruoder Turkant:
der lant hiez Turkânîe.
ir kunft manege âmîe
5 in Francrîche erweinde,

diu klagende ir triuwe erscheinde.
unz ein künec was bereit,
innen des der ander streit,
manec sunderrinc mit grôzem her
10 und die mit manlîcher wer
habeten, die ich iu nande nuo.
alrêst ich nennens grîfe zuo.
　　Arofel der Persân,
dem was in manegen landen lân
15 prîs ze muoten und zer tjost.
er hete ouch dâ die hœsten kost
von soldieren und von mâgen:
an sînem ringe lâgen
zehen künege, sînes bruoder kint.
20 der heiden ritterschaft ein wint
was, wan die er vuorte.
waz man tambûren ruorte
und pusîne erklancte!
mit maneger rotte swancte
25 Terramêres bruoder her,
Arofel, durch strîtes ger.
　　dô kôs man ûf dem gevilde
manec zimier wilde,
der diu ritterschaft erdâhte,
30 die Arofel brâhte.
30　　daz was des schult, er mohtez hân.
Terramêr hete verlân
der jungen hôchgemuoten diet,
ich meine, daz er in underschiet
5 sunderrîcheit. sunderlant
sînen zehen sünen was benant,
dâ ieslîcher krône
vor sînen vürsten schône
truoc mit krefte und ouch von art.
10 ieslîcher ûf der hervart
selbander rîcher künege reit.
seht, ob ir her iht wære breit,
die in ir dienste wâren geriten:
ouch dienden si mit zühte siten

15 ir vetern und leisten sîn gebot.
er lac ouch in ir dienste tôt,
Arofel von Persîâ,
in des dienste si dâ
wâren und ouch er durch sie.
20 der milte entviel solh helfe nie.
   Arâbel, Gîburc, doch ein wîp,
zwir genant, minne und dîn lîp
sich nû mit jâmer vlihtet.
dû hâs zem schaden gephlihtet:
25 dîn minne den touf versnîdet.
stoufes wer ouch niht mîdet,
si ensnîde, von den dû bist erborn:
der wirt ouch drumme vil verlorn.
ez enwende, der in diu herze siht,
30 mîn herze dir ungünste giht.

31   war umme? ich solde ê sprechen,
waz ich wolde rechen,
oder war tuon ich mînen sin?
unschuldec was diu künegin,
5 diu eteswenne Arâbel hiez
und den namen im toufe liez
durch den, der von dem worte wart.
daz wort vil krefteclîche vart
zer megede vuor: diust immer maget,
10 diu den gebar, der unverzaget
sîn verh durch uns gap in den tôt.
swer sich vinden lât durch in in nôt,
der emphæht unendelôsen solt:
dem sint die singære holt,
15 der dôn sô helle erklinget.
wol im, derz dar zuo bringet,
daz er sô nâhen muoz gestên,
daz in der dôn niht sol vergên:
ich meine ze himele der engel klanc.
20 derst süezer denne süezer sanc.
   man mohte an Willehalmes schar
grôzes jâmers nemen war.
sîn helfære heten niht vermiten,

beidiu geslagen und gesniten
25 ûf ir wâpenlîchiu kleit
was Kristes tôt. den dâ versneit
diu heidensch ungeloubec diet,
sîn tôt daz kriuze uns sus beschiet:
ez ist sîn verh und unser segen.
30 wir sulns ouch gelouphaft enphlegen,
32 sam tâten die getouften dort.
diu heidenschaft in über bort
an allen orten ündet în.
manec rotte in brâhte solhen pîn,
5 daz si bedörften niuwer lide.
des lîbes tôt, der sêle vride
erwurben Franzoisære dâ.
Arofel von Persîâ,
sîns bruoder kint noch unbenant
10 sint, die man dâ komende vant
mit ritterlîchem kalopeiz.
Fâbors und Passigweiz,
Mâlarz und Malatras,
Karrîax daz vünfte was,
15 Glôrîax und Utreiz,
Merabjax und Matreiz:
dô was daz zehende Morgowanz,
des prîs mit werdekeit was ganz.
von rabînes poinderkeit
20 durch den stoup inz gedrenge reit
gein dem strîte ieslîchez her
der künege von über mer.
dâ striten, Terramêres kint
sô, daz die getouften sint
25 ummehabet an allen sîten.
manlîch was doch ir strîten:
immer gein einer getouften hant
was hundert dâ ze wer benant
von ritterschaft der mæren
30 und von bogeziehæren.
33 dô kom in kurzer vriste
der künec von Amatiste,

　　　der hôchgemuote Josweiz.
　　　sîn her dâ bluotegen sweiz
　5 vor den Franzoisæren rêrte:
　　　in den strît er dô kêrte
　　　selbe vünfte sîner genôze.
　　　manege rotte grôze
　　　Matûsales sîn vater dar
10 im sande, daz si næmen war
　　　sîn, swenne er nâch prîse strite.
　　　im erzeicten dienestlîchen site
　　　vier künege und ritterlîch gelâz,
　　　Pohereiz und Korsâz,
15 Talimôn und Rûbûâl.
　　　manegen phelle lieht gemâl
　　　ir ors truogen ze kleiden.
　　　liuten und an orsen beiden
　　　kôs man phelle tiure:
20 dem vanken in dem viure
　　　solher gelphheit ie gebrast.
　　　dâ kom der sunnen widerglast
　　　an manegem wâpenrocke.
　　　mîner tohter tocke
25 ist unnâch sô schœne:
　　　dâ mite ich si niht hœne.
　　　　　diu Josweizes hers kraft
　　　und Arofels ritterschaft
　　　und Halzebieres kobern,
30 des mohten si niht gobern,
34　　　die getouften, an der zît:
　　　von ein ander si der strît
　　　mit maneger hurte klôzte.
　　　der heiden her dô grôzte
　5 von emerâlen und amazûren,
　　　vil pûken, vil tambûren,
　　　pusînen und floitieren.
　　　nû wolde ouch punieren
　　　Terramêr mit krache
10 den getouften zungemache,
　　　dâ niun krône rîcheit lac

und dâ manec edel vürste phlac,
daz si dienden Terramêres hant.
âne ander sîniu zinslant
15 diende im Happe und Suntîn,
Gorgozâne und Lumpîn.
sîn beste lant was Kordes:
diu zal sînes hordes
was endes mit der schrifte vrî.
20 Poie unde Tenabrî,
Semblî und Muntespîr,
manec amazûr und eskelîr
ûz den niun landen vuor,
dâ man ûf ir goten swuor
25 Terramêres hervart.
wie sîn schar hie sî bewart?
lât iu benennen sîne kraft,
die wîten geselleschaft,
diu dâ reit an Terramêres schar:
30 manec swarzer môr, doch lieht gevar,
35 die sich wol zimierten,
ê daz si punierten.
    rois Margot von Pozzidant,
Orkeise hiez sîn ander lant,
5 daz sô nâhen der erden orte liget,
dâ niemen vürbaz bûwes phliget
und dâ der tagesterne ûf gêt
sô nâhen, swer dâ ze vuoze stêt,
in dunket, daz er wol reiche dran.
10 rois Margot, der rîche man,
vuorte ouch den künec Gorhant:
bî der Ganjas was des lant.
des volc was vorn und hinden horn,
âne menschlîch stimme erkorn:
15 der dôn von ir munde
gal sam die leithunde
oder als ein kelber muoter lüet.
von ir strîte wart gemüet
vil der kristenlîchen wer.
20 des künec Gorhandes her

mit stehelînen kolben streit
ze vuoz, ir deheiner reit:
si wâren aber sus sô snel,
die mit dem hürnînen vel,
25 si gevolcten wilde und orsen wol.
ob ich sô von in sprechen sol,
niht in entvliehen mohte,
wan dem ze vliegen tohte.
dem künege Margotte
30 man jach, daz manec sîn rotte
36 wol striten: zorse und ze vuoz
wurben si um wîbe gruoz
oder sus nâch anderm prîse.
daz tuot ouch noch der wîse.
5 noch was des hers kraft ein wint
wan die Terramêres tohterkint
vuorte ûf dem plâne,
Poidjus von Griffâne:
Trîant und Kaukasas
10 ouch des selben küneges was.
der vuorte ûf den puneiz
den rîchen künec Tesereiz.
der was vür hôhen prîs erkant:
Kollône hiez sîn lant.
15 der vuorte die Arâbeise
und die Seziljeise
und die von Grikulâne
durch die wilden muntâne,
die von Sôtiers und die Latriseten.
20 um wîbe gruoz nâch sîner bete
und nâch ir hôhen minne
stuonden Tesereizes sinne.
dennoch reit Terramêre bî
Poidwîz: des vater Ankî
25 hete in mit kreften dar gesant.
dem dienden ouch sô wîtiu lant,
daz er mit maneger storje reit.
was Alischanz daz velt iht breit,
des bedorften wol die sîne:

30 gedranc si lêrte pîne.

37 mit alsô wît gesamenten scharn
Terramêr kom gevarn.
wir hœren von sînem poinder sagen,
es möhten starke velse wagen,
5 dar zuo die würze und der walt.
sîns hers wart vil dâ tôt gevalt
von dem marcgrâven snel.
des helm was ze Tôtel
geworht, herte unde wert.
10 Schoiûse hiez sîn swert
und sîn ors hiez Puzzât,
dâ manec ritterlîchiu tât
tîfe wart begangen.
Terramêr emphangen
15 wart sus von der getouften diet:
si gâben strîtes gegenbiet,
ê daz si überkraft betwanc.
des maneger sêle wol gelanc,
dô die getouften sturben,
20 die mit hôhem prîse erwurben
den solt des êwegen lebenes.
er phliget noch solhes gebenes,
der mennesch ist und wârer got
und der wol vreude unde nôt
25 entvüeret unde sendet.
immer unverendet
ist sîn helfe wider sie,
die im getrûwent als die.
   swer durch Willehalm erstarp,
30 des sêle sigenunft erwarp

38 ûf dem velde zAlischans.
ei tiuvel, wie dû uns des verbans
und wie dû gein uns vihtes
und unsern schaden tihtes!
5 wie selten dich der gast verbirt!
dû bist iedoch ein smæher wirt,
zallen zîten geste rîche.
swenne ich sô grimmeclîche

einen wirt sitzen vünde,
10 ob mirs diu reise günde,
ich kêrte gerne vürbaz.
der in der megede wamme saz,
der wîse mich an bezzer stat,
daz ich den helleclîchen phat
15 iht ze lange dürfe bern:
des müeze mich sîn güete wern.
    daz ruowen mit der bîte
und den wehsel an dem strîte
gap Terramêr von Kordes.
20 der sêle riuwe hordes
vil ûf ein ander legeten,
die himels dôn sus wegeten,
daz vil der engel sungen,
swenne in diu swert erklungen.
25 ouch vrumte der getouften wîc,
daz gein der helle manec stîc
wart en strâze wîs gebant.
diu heidenschaft wart des ermant,
dâ von diu helle wart gevreut:
30 ir lac manec tûsent dâ gestreut.

39   werlîch man die getouften vant,
ê daz in ir kraft verswant.
von überlast der heiden
wurden si gescheiden
5 under manege unkunde sprâche.
die Tîbaldes râche
der markîs mit schaden sach.
riuweclîche er dô sprach:
'mîner mâge kraft nû sîget,
10 sît sus ist geswîget
Munschoie unser krîe.
ei Gîburc, süeze âmîe,
wie tiure ich dich vergolten hân!
soldez Tîbalt hân getân
15 âne Terramêres kraft,
unser minneclîch geselleschaft
möhte noch wol lenger wern.

nû wil ich niht wan tôdes gern
und ist daz mîn ander tôt,
20 daz ich dich lâze in solher nôt.'
er klagete daz minneclîche wîp
noch mêre denne sîn selbes lîp
und denne die vlust sîns künnes.
'got, sît dû verbünnes
25 Gîburge minne mir',
sprach er, 'sô nim den trôst ze dir,
swaz der getouften hie bestê,
daz der dinc vor dir ergê
âne urteillîchen kummer.
30 des ger ich armer tummer.'

40   von maneger hurte stôze
und von pusînen dôze,
pûken, tambûren schal
und der heiden ruof sô lûte erhal,
5 es möhten lewen welf genesen:
der geburt mit tôde ie muoste wesen,
daz leben in gît ir vater galm.
der marcgrâve Willehalm,
ob ich von im sô sprechen mac,
10 gesâhet ir ie den nebeltac,
wie den diu liehte sunne sneit?
als durchliuhteclîch er streit
mit der suoche nâch sînem künne.
an der dicke erz machte dünne
15 und rûm an dem gedrenge
und wît, swenne erz vant enge:
sîn swert Schoiûse, daz er truoc,
dâ mit er solhe gazzen sluoc,
des manec storje wart zetrant.
20   gein dem wazzer Larkant
von dem velde Alischanz
wart der vürste Vîvîanz
gehurtet in diu rivier.
nû was diu tiure banier
25 gerucket von den wunden,
diu dar über was gebunden:

daz kreftelôste in sêre,
wan daz er durch sîn êre
und ouch durch maneges heidens tôt
30 dennoch manlîch wer dâ bôt.

41   sîn halden was dâ niht ze lanc.
ouch hete manegen abganc
Larkant, daz snellîchen vlôz.
Vivîanz hôrte einen dôz
5 und sach daz her Gorhandes komen,
von den solh stimme wart vernomen,
es möhte biben smers wâc.
Margot, Terramêres mâc,
brâhte im daz volc hürnîn.
10 den Giburc diu künegîn
ze Termes und zOransche zôch,
Vivîanz ungerne vlôch:
des marcgrâven swesterkint
hurte, als ob in vuorte ein wint,
15 inz her des küneges Gorhant,
daz dâ kom von indîâschem lant.
daz was den hürnînen zorn,
daz beide ir verh und ir horn
von sîner hende wart versniten.
20   werlîchen kom geriten
der phalenzgrâve Bertram,
dâ er den sûren dôn vernam.
er wolde wider wenden,
wan er vorhte, ez solde schenden
25 al die Franzoise.
dô gehôrte der kurtoise
Munschoie kreiieren
in den rivieren
und sach ouch Vivîanzen streben
30 nâch tôde, als er niht wolde leben:

42   Bertram dô strîtes ernande.
seht, ob in des mande
Munschoie diu krie:
oder twancs in âmîe?
5 oder müete in Vivîanzes nôt?

oder ob sîn manheit gebôt,
daz er dâ pris hât bejaget?
hât mirz diu âventiure gesaget,
sô sage ich iu, durch wen er leit,
10 daz er mit Gorhande streit
und Vivîanzen lôste dan.
der Franzoisære vünf man
(daz wâren grâven rîche)
die kômen ritterlîche.
15 die siben muosten kummer tragen.
dem phalenzgrâven wart erslagen
sîn wol gewâpent kastelân,
dar ûf erz hete alsô getân,
des man im jach ze prîse.
20 Vivîanz der wîse
ein türkesch ors im brâhte:
mirst liep, daz ers gedâhte,
wande im nie orses dürfter wart.
Kibelîn und Witschart
25 kômen in ze helfe dar gehurt
in Larkant: ûf einem vurt
Franzoisære wâren niune dô
und wol ze sehen ein ander vrô.
der strît gedêch wider ûf den plân:
30 dâ wart ez von in guot getân.

43   an die heiden rief ein emerâl,
als tet der künec Rûbûâl:
'helft unsern goten ir rehtes,
daz des Heimrîches geslehtes
5 iemêr iht mege beklîben.
si wolden gar vertrîben
unsern prîs mit gewalt.
nû mac der künec Tibalt
al sînen goten danken wol:
10 die Franzoisære uns gebent zol,
den si ungerne möhten lân.
swaz der markîs hât getân
mit Arâbeln der künegin,
was daz ir vreudehaft gewin,

15 daz möhte ein trûren undervarn.
nû sule wir niht langer sparn
die kriegen vruht von Naribôn.
Heimrîches toten lôn,
sol den verzinsen unser lant?
20 sô manec werlîchiu hant
ist komen mit Terramêre:
si megens uns jehen zunêre,
komen sis hin genozzen.
nein, si sint vervlozzen
25 unser marc unz in den ort.
nû wænent die Franzoisære dort,
daz uns der marcgrâve hie
twinge, als er uns twanc noch ie.
sîn ses hât kûme ein esse nuo:
30 wir sîn in komen alze vruo.'

44   Terramêr mit gelphe sprach,
dô er gein maneger storje sach
die von Francrîche
strîten ritterlîche:
5 'die helde von der heidenschaft,
nû rechet unser alde kraft,
die wir hêten von den goten,
daz sô verre ûz ir geboten
Arâbel diu vervluochte ist komen.
10 mir und den goten ist benomen,
der ich ê jach ze kinde.
von taverne ingesinde,
von salsen suppierren
sich Tîbalt muoste virren
15 von sînem wîbe und alle ir kint,
die hie durch rehte râche sint.
daz uns die luoderære
alsô smæhiu mære
getorsten ie gesenden!
20 helde, ir sult ernenden:
êrt die gote und dar nâch mich,
daz Tîbalt und des gerich
noch hiute ein solh phant hie neme,

daz Arâbeln des gezeme,
25 ob es geruochet Tervigant,
daz si diu kristenlîchen bant
und den touf unêre,
von Jêsuse kêre.
ich sol si ûf einer hürde ê sehen,
30 diu viurec sî: daz muoz geschehen.'

45   der kreftelôse Vîvîanz
und der grâve Jozeranz,
Samsôn und Gêrhart,
Kibelîn und Witschart,
5 Bertram, Gaudîn und Gaudiers,
die niune striten, dâ Halzebiers
her sich samelierte,
daz von êrste enschumfierte
Willehalm ekurneis,
10 dâ Pînel der kurteis,
der sun des küneges Kâtor,
den lîp verlôs, des prîs enbor
noch hiute in hôher wirde swebet
denne maneges küneges, der noch lebet.
15 âne Feirefîz Anschevîn
und der bâruc Akerîn,
ob der wâpen solde tragen,
von heiden hôrte ich nie gesagen,
der prîs sô wîten wære hel.
20 daz dritte was Pînel.
der drîer tât was sô benant,
ob heidenscher wirde erkant.
nû nâht der kristen ungeval.
die heiden berge unde tal
25 mit her bedacten schiere.
man hôrte an Halzebiere,
swaz iemen tet, er wolde et klagen
Pînel, der dâ was erslagen.
dem künege von Falfundê
30 tet sînes neven sterben wê.

46   Halzebier der klâre
mit reitbrûnem hâre

und spanne breit zwischen brân,
swaz sterke heten sehs man,
5 die truoc von Falfundê der künec.
der was al sîner lide vrümec
und manlîches herzen,
zer zeswen und zer lerzen
gereht, ze beiden handen.
10 sîn hôher prîs vor schanden
was mit werdekeit behuot:
in wîbe dienste hete er muot.
      nû wart gerochen Pînel
von Halzebier dem künege snel,
15 dô er an Vîvîanze ersach,
daz er die schar mit hurte brach
und daz er sluoc Libilûn,
Arofels swestersun,
Eskelabôn und Galafrê,
20 Rûbîûn und Tampastê,
Glôrîôn und Môrant:
die siben künege sâ zehant
lâgen vor Vîvîanze tôt.
Halzebier die grôzen nôt
25 mit einem swertes swanke galt,
daz Vîvîanz wart gevalt
hinderz ors ûf die erde.
unversunnen lac der werde,
der ê was heidenschaft ein schûr:
30 des jach dâ manec amazûr.

47   dôz Vîvîanze sus ergienc,
Halzebier dise ehte vürsten vienc,
Bertram und Gaudîn,
Gaudiers und Kibelîn,
5 Hûnas und Gêrart,
Samsôn und Witschart.
die erkande sîn manlîchiu kraft
wol bî ir guoten ritterschaft.
in dûhte an ir gebæren,
10 daz si ze mâgen wæren
von arte dem markis benant

und daz er hete gæbiu phant
vür Arâbeln die künegin.
er hiez dise ehte vüeren hin.
15 manec storje dar zuo gâhte,
der sêre daz versmâhte,
durch waz si wâren zorse komen.
von wem der schal dâ wære vernomen,
des begunde vrâgen manec man:
20 die enwessen niht, von wem gewan
Terramêr sô grôzen schaden,
daz sîn herze in jâmer muoste baden.
    manec storje durch die andern brach:
von tretene niht ze guot gemach
25 der klâre Vîvîanz gewan.
bî einer wîle er sich versan,
dô si alle enwec kômen gevarn.
des marcgrâven swesterbarn
sach ein wundez ors dâ stên:
30 al kreftelôs begunde er gên,
48   mit unstaten drûf er saz.
sîns schiltes er dâ niht vergaz,
den begunde er dannen mit im tragen.
hülfez iht, nû solde ich klagen
5 Heimrîches tohtersun.
ob ich der triuwe ir reht wil tuon
und ritterlîchem prîse
und ist mîn munt sô wîse,
ich sage daz mære erkenneclîch,
10 wie Vîvîanz der lobes rîch
sich selbe verkoufte um unsern segen
und wie sîn hant ist tôt belegen,
diu den gelouben werte,
unz er sîn verh verzerte.
15   der uns in dem toufe wart,
und Jêsus an der süezen vart
im Jordân wart genennet Krist,
der name uns noch bevolhen ist,
den, die der touf bedecket hât:
20 ein wîser man nimmer lât,

er endenke an sîne kristenheit.
dar um ouch Vîvîanz sô streit,
unz im der tôt nam sîne jugent.
sîn verh was wurzel sîner tugent:
25 wære daz geswebet hôch sam sîn prîs,
sô enmöhte er deheinen wîs
mit swerten niht erlanget sîn.
mich jâmert durch die sælde mîn
und vreu mich doch, wie er erstarp,
30 der sêle werdekeit erwarp.

49   der junge helt vor gote erkant
reit gein dem wazzer Larkant,
niht der sêle veige,
reit nâch der engel zeige
5 unkreftec von dem plâne
gein einer fontâne.
ander boume und albernach
und eine linden er dâ sach:
durch den schate kêrte er dar.
10 vor dem tiuvel nam der sêle war
der erzengel Kêrubîn.
Vîvîanz, der marter dîn
mac ieslîch ritter manen got,
swenne er sich selben siht in nôt.
15   der junge ûz süezem munde sprach:
'tugenthafter got, mîn ungemach
sî dîner hôhen kraft gegeben,
daz dû mich sô lange lâzes leben,
unz ich mînen œheim gesehe,
20 und daz ich des vor im verjehe,
ob ich ie zuht gein im gebrach,
ob mir solh untât geschach.'
Kêrubîn der engel lieht
sprach: 'nû enhabe des zwîvel niht,
25 daz vor dînem tôde dich
dîn œheim siht: des warte an mich.'
der engel sâ vor im verswant.
Vîvîanz sich sâ zehant
stracte, sô der tôt geliget:

30 unkraft hete im an gesiget.
50   der siuftebære Franzeis
    Willehalm ekurneis
    mac nû die vlust erkennen
    und sich selben nennen
 5 zem aller schadehaftesten man,
    der schiltes ammet ie gewan
    und der ie ritterschaft gephlac.
    sîn beste helfe tôt dâ lac
    unz an ehte, die sint gevangen.
10 der strît was sô ergangen:
    Munschoie der krîe was geswigen,
    sîniu zweinzec tûsent wâren gedigen
    unz an vierzehen der sîne,
    die werlîche pîne
15 bî ir herren dolden
    und niht von im enwolden,
    wan daz si ir verh vür in buten.
    in bluote und in sweize suten
    die helde von der hitze starc.
20 in einem stoube er sich verbarc,
    dâ niuwe storje von dem her
    mit poinder kom, ûz dem mit wer
    selbe vünfzehende der markîs
    reit, die mit swerten prîs
25 heten dâ erhouwen.
    zeln unde schouwen
    si sich dô begunden.
    an den selben stunden
    si marcten rehte, waz ir was
30 ûzerhalp des hers an einem gras.
51   der ie vor schanden was behuot,
    sprach: 'vreude und hôher muot,
    ir beidiu sîget mir ze tal.
    wie wênec mîn ist an der zal!
 5 sint mîne mâge tôt belegen,
    mit wem sol ich nû vreude phlegen?
    dar zuo mîn ellenthafte man:
    sô grôzen schaden nie gewan

dehein vürste mîn genôz.
10 nû stên ich vreude und helfe blôz.
ein dinc ich wol sprechen wil:
dem keiser Karle wære ze vil
dirre vlüste zeinem mâle.
die er tet ze Runzevâle
15 und in andern stürmen sînen,
die enmöhten gein den mînen
an dem schaden niht gewegen.
des muoz ich immer jâmers phlegen,
ob ich hân manlîchen sin.
20 ei Giburc, süeziu künegin,
wie nû mîn herze gît den zins
nâch dîner minne! wan ich bins
mit jâmers last vaste überladen,
daz ich den künfteclîchen schaden
25 an dir nû muoz emphâhen.
swem daz niht wil versmâhen,
der jehe mir mêr noch vlüste,
denne herze under brüste
ie getruoc ze deheiner zît,
30 sit Âbel starp durch bruoders nît.

52   sînen jamer sult ir prîsen.
er beriet sich mit den wîsen
und mit den unverzageten,
die sêre mit im klageten,
5 der den vater, der den bruoder.
in wâren diu strîtes muoder
mit swerten alze wît gesniten:
und doch mit manlîchen siten
und unverzagetlîche
10 die helde ellens rîche
gâben sus ir herren rât:
'ir seht wol, waz ir helfe hât.
nû welt der zweier einez
(der gît uns trôst deheinez),
15 daz wir kêren wider in den tôt
oder wir vliehen ûz der nôt.
Giburc diu küneginne,

diu mit helflîcher minne
uns dicke hât gerîchet,
20 swelh tugent sich ir gelîchet,
der wæren gehêret drîzec lant.
dehein werlîchiu hant
ûf Ôransche nû beleip:
iuwer zweier güete uns danne treip
25 und iuwer tugent unzallîch.
nû tuot schiere dem gelîch:
sweder vart ir kêren welt,
wir sîn dem schaden doch verselt.
suln uns die heiden niezen,
30 des mac uns wol verdriezen.'

53   den markîs von hôher art
begunde jâmern dirre vart,
ob er sich solde scheiden
von mâgen und mannen beiden,
5 die dâ tôt wâren belegen.
bî liehter sunne gâben regen
und âne wolkenlîchen wint
sîniu ougen, als ob sînin kint
wæren al die getouften,
10 die sîn herze in jâmer slouften.
wære im niht wan Vîvîanz
ûf dem velde Alischanz
beliben, er möhte iedoch wol klagen.
dô kêrte er dan, sus hôrte ich sagen,
15 nâch sîner manne râte
gein Ôransche drâte
bî dem her allez hin.
nâch schaden dûhte si gewin,
daz in dâ niemen nâch reit:
20 vor strîte (dâ niemen mit in streit)
wânde er dô sîn der vrîe.
    rois Poufameiz von Ingulîe
was mit einem geruoweten her
alrêst dô komen von dem mer,
25 der keiner vîent nie gesach
bî dem tage. grôz ungemach

der markîs von den gewan.
die selben randen in dô an
ûf manegem schœnen kastelân,
30 die getouften riefen sân
54 Munschoie und kêrten dar.
der markîs unverzaget nam war,
wâ der künec selbe reit:
des schar was lanc unde breit,
5 bestecket in ein ander.
manege ander schar dâ vander,
der ieslîchiu bî dem tage
was dennoch vrî vor swertes slage.
    hurtâ, wie dâ gehurtet wart!
10 an der engen durchvart
des markîs geverten
mit scharphen swerten herten
muosten rûm erhouwen.
die heiden mohten schouwen
15 ir schar dâ durchbrechen.
der marcgrâve rechen
kunde alsus die sînen nôt:
ir lac vil maneger vor im tôt,
emerâle und amazûre.
20 als durch die dicken mûre
brichet der bickel
und der zimmerman den zwickel
bliuwet durch den herten nagel,
Schoiûse sîn swert, der heiden hagel,
25 in den ungelouben beiz
unz ûf den künec Poufameiz.
    dem nam sîn zimierde den lip:
swaz koste ûf man gelegete ie wîp,
diu mohte ûf Poufameize sîn,
30 âne Feirefîz Anschevîn,
55 des diu künegîn Sekundille phlac.
an dem solh zimierde lac,
daz der künec Poufameiz,
Noupatrîs noch Tesereiz
5 im niht gelîchen kunden,

swie vil si koste begunden.
den künec von Ingulîe
ein sîn âmîe
gevrumt hete ûf Alischans
10 (âventiure, als dû mich mans),
des diu minne sol geprîset sîn.
getoufet wîp noch heidenîn
gebent nû solher koste niht,
swie vil man wîben dienen siht.
15   der junge klâre süeze gast,
sîn zimierde gap den glast,
daz ez dem markîs diu ougen sneit,
innen des er mit im streit,
als ez diu sunne tæte.
20 sîn wâpenlîch gewæte
was gehêrt mit edeln steinen.
der heidenschefte weinen
wuohs an den selben zîten
von ir zweier strîten:
25 der markîs im nam daz leben.
sus kunde er râche geben
um sînen schaden, den er kôs.
in dem strîte er gar verlôs
sîne vierzehen man.
30 dô wart er gehurtet dan
56   wider underz êrste her
von den komenden von dem mer.
    dâ bestuont in Arfiklant
von Turkânîe und Turkant,
5 die gebruoder beide.
der heidenschefte leide
mit jâmers gesellekeit
der markîs ab in erstreit:
die jungen künege er beide sluoc.
10 mit maneger wunden von in truoc
in sîn ors Puzzât.
ez wæren wisen oder sât,
der wart dâ vil nâch im getret,
sîn ors durch manne bluot gewet:

15 der lac dâ vil ûf sîner slâ.
sus streit er her unde dâ
werlîchen ûf dem plân.
rois Talimôn von Boctân
und der künec Turpîûn,
20 mit den muoste er dô strîten tuon.
der rîche von Falturmîê,
wie des dinc gein im gestê?
als Pinels fîz Kâtor,
den er ze tôde ouch sluoc dâ vor.
25 mit grôzes poinders hardeiz
ûf einem ors, hiez Marschibeiz,
Talimôn kom gevarn
verre von sînen ehte scharn.
der stach ze volge ein sper enzwei
30 ûf dem markîs, der dennoch schrei

57 Munschoie werlîche.
er tet der wer ouch dâ gelîche:
er warf sich gein dem poinder wider,
Talimôn sluoc er tôt dar nider.
5 Marschibeiz daz ors er nam,
daz künege wol ze rîten zam:
an sîner hende erz dannen zôch.
unverzagetlîche er vlôch
vor manegem grozen tropel.
10 diu sper mit krache wâren hel
ûf in ze volge und engegen:
er wart mit stichen und mit slegen
gâlûnt an allen sîten.
sus muoste er strîten:
15 daz gewunnen ors er liez durch nôt.
hindern büegen stach erz tôt:
er engundes der heidenschefte niht,
als noch in vientschaft geschiht.
sus vuorten si in durch einen stoup.
20 sîn manheit im urloup
gap, daz er sich entsagete
ieslîchem, der in jagete.
dô kêrte er gein den bergen:

den wilden getwergen
25 wære ze stîgen dâ genuoc,
dâ in sîn ors über truoc.
seht, ob ir keiner sî versniten:
der markîs ist in entriten.

II.

58 Er enthielt dem orse und sach hin
daz lant ûf unde nider.   [wider,
nû was bedecket berc und tal
und Alischanz über al
5 mit heidenschefte ungezalt,
als ob ûf einen grôzen walt
niht wan banier blüeten.
die rotte ein ander müeten,
die kômen her und dar gehurt,
10 ûf acker und in manegem vurt,
dâ Larkant daz wazzer vlôz.
den marcgrâven dûhte grôz
ir kraft, und er si rehte ersach.
in sînem zorne er dô sprach:
15 'ir gunêrten Sarrazîn,
ob beidiu hunt unde swîn
iuch trüegen und dâ zuo diu wîp,
sus manegen werlîchen lîp,
vür wâr möhte ich wol sprechen doch,
20 daz iuwer ze vil wære dannoch.'
'ouwê', sprach er, 'Puzzât,
kundestû nû geben rât,
war ich kêren möhte!
wie mir dîn kraft getöhte,
25 wære wir an disen stunden
gesunt und âne wunden!
wolden mich die heiden jagen,
ez möhte etlîches mâc beklagen.
nû sî wir beide unvarende

30 und ich die vreude sparende.
59   dû maht des wesen sicher,
wicken, habern, kicher,
gersten unde lindez heu,
daz ich dich dâ bî wol gevreu,
5 ob wir wider zÔransche komen,
hânt mirz die heiden niht benomen.
ich enhân hie trôstes mêr wan dich:
dîn snelheit müeze trœsten mich.'
sîn hâr was im brûn gevar,
10 von wîzem schûme drûfe gar,
als ez eins winters wære besnît.
der vürste nam sîn kursît,
einen phelle brâht von Trîant:
swaz er sweizes ûf dem orse vant,
15 den kunde er drabe wol strîchen.
dô begunde im müede entwîchen:
ez dreste unde grâzte,
von dem kunreiz ez sich mâzte
vil unkrefte, die ez truoc.
20 nû was gebiten dâ genuoc:
der marcgrâve zôch zehant
gein dem wazzer Larkant
daz ors an sîner hende
bî maneger steinwende
25 unz in des wazzers ahganc.
einen kurzen wec niht ze lanc
reit er durch daz stûdach,
unz er vor im ligen sach
des werden Vîvîanzes schilt:
30 ûf dem was strîtes sus gespilt,
60   hâschen, kiulen, bogen, swert,
mit spern, gein dem man tjoste gert,
zevuort an allen orten.
der markîs die borten
5 erkande, als er geriemet was,
smârâde und adamas,
rubîne und krisolde
drûf verwieret, als si wolde,

Gîburc diu wîse.

10 diu mit kostlîchem prîse
sande den jungen Vîvîanz
ûf daz velt Alischanz,
des tôt ir herzen ungemach
gap. der markîs ersach,
15 daz ein brunne und ein linde
ob sîner swester kinde
stuont, dâ er Vîvîanzen vant.
in sînem herzen gar verswant,
swaz im ze vreuden ie geschach.
20   mit nazzen ougen er dô sprach:
'ei vürsten art, reiniu vruht,
mîn herze muoz die jâmers suht
âne vreude erzenîe tragen.
wære ich doch mit dir erslagen!
25 sô tæte ich gein der ruowe kêr.
jâmer, ich muoz immer mêr
wesen dîns gesindes.
daz dû mich niht verslindes
(ich meine dich, breitiu erde),
30 daz ich bezîte werde
61   dir gelîch! ich kom von dir.
tôt, nû nim dîn teil an mir.
swaz ich mit kummer ie geranc
und swaz mich sorge ie getwanc,
5 dâ râmte ich jâmers lêre:
nû hân ich sorgen mêre,
denne mir in herzen ie gewuohs.
kunde ich nû sliefen sô der vuhs,
daz mich belûhte nimmer tac!
10 swaz vreude in mînem herzen lac,
diu ist mit tôde drûz gevarn.
tôt, daz dû mich nû kans sparn!
ich lebe noch und bin doch tôt.
daz sus ungevüegiu nôt
15 in mînem herzen kan gewern
und daz mit swerten und mit spern
mich tôte niht diu heidenschaft!'

von jâmer liez in al sîn kraft:
unversunnen underz ors er seic.
20 sîner klage er dô gesweic.
    bî einer wîle er sich versan.
dô huop sich niuwer jâmer an:
über Vîvîanzen kniete er dô.
ich geloube des, daz er unvrô
25 der angesihte wære
und aller vreuden lære.
den verhouwen helm er von im bant,
daz wunde houbet er zehant
legete al weinde in sîne schôz
30 und sprach alsus mit jâmer grôz:
62   'dîn verh was mir sippe.
    sît Adâmes rippe
wart gemachet zeiner maget,
swaz man von dem sâmen saget,
5 dâ von Êve vrühtec wart,
ir aller tugende an dich gespart
was, die sider sint erborn.
dîn edel herze ûz erkorn
was lûter als der sunnen glast.
10 hôher prîs wart nie dîn gast.
solh süeze an dînem lîbe lac:
des breiten mers salzes smac
müeste al zuckermæzec sîn,
der dîn ein zêhen würfe drîn.
15 daz muoz mir geben jâmer.
als pigment und âmer
dîn süeze wunden smeckent,
die mir daz herze erstreckent,
daz ez nâch jâmer swillet.
20 immer ungestillet
ist nâch dir mîn siuftec klage
unz an den ort al mîner tage.'
    'ouwê', sprach er, 'Vîvîans,
waz dû nû stæter sorgen gans
25 Gîburge der künegîn!
als ein vogel sîn vogelîn

ammet unde brüetet,
als hete si dich behüetet,
almeistec an ir arme erzogen.
30 nû wirt jâmers unbetrogen

63 nâch dir daz vil getriuwe wîp.
mir wart dîn tugenthafter lîp
ze vreude an dise werlt erborn:
dâ hân ich siuften vür erkorn.
5 hei Termis mîn palas,
wie der von dir gehêret was!
mich dûhte dîn hôher prîs sô wert:
ich gap hundert knappen swert
durch dich, des muoz ich volge hân:
10 ich gap zwei hundert kastelân
hundert den gesellen dîn
mit harnas und diu künegîn
ieslîchem drîer slahte kleit
ûz ir sunderkamern sneit,
15 daz ich der koste nie bevant.
von Tasmê und von Trîant
und ouch von Gamfassâsche brâht
manec tiure phelle, des erdâht
was dîner massenîe
20 (Gîburc mîn âmîe
hete dich baz denne ir selber kint).
brûn scharlachen von Gint,
daz man heizet brûtlachen,
daz hiez si iu allen machen,
25 daz dritte kleit scharlachen rôt.
in dirre wirde bistû tôt.
wie was dîn schilt gehêret,
ir milte dran gemêret,
diu gein dir tugende nie verbarc!
30 der koste vünf hundert marc.

64 al diu zimierde dîn
was sô, swelh rîcher Sarrazîn
dir des gelîchen möhte,
der wîbe lôn im töhte.
5   sît man sô tiure gelten muoz

hôhe minne und werden gruoz,
nû waz hât diu minne an dir verlorn!
dû wære in Francrîche erkorn,
swâ dich wîbes ougen sâhen,
10 herze und ir munde jâhen,
dîn blic wære ein meienzît
und dîner klârheit âne strît
möhte wünschen ieslîch vrouwe.
in lufte noch bî touwe
15 nie gewuohs noch von muoter brust
wart genomen, dran sô strengiu vlust
der minne enzucket wære.
sô nû diz sûre mære
vreischet mîn geslehte,
20 daz hôhen muot von rehte
truoc (wir wâren geprîset),
sô werdent si gewîset
in die jâmerbæren nôt:
des hilfet in dîn junger tôt.
25 waz touc ich nû lebende?
der jâmer ist mir gebende
mit kraft alsolhe riuwe,
diu zaller zît ist niuwe,
swaz nû mîn lîp gewern mac,
30 beidiu naht unde tac.'

65   mit jâmer er sus panste.
dô heschte unde ranste
der wunde lîp in sîner schôz:
des herze tet vil manegen stôz,
5 wan er mit dem tôde ranc.
diu liehten ougen ûf dô swanc
Vivîanz und sach den œheim sîn,
als in der engel Kêrubîn
trôste, an der selben stat.
10 der markîs in sprechen bat
und vrâcte in: 'hâstû noch genomen,
dâ mit diu sêle dîn sol komen
mit vreuden vür die trînitât?
spræche dû bîhte? gap dir rât

15 inder kein getoufter man,
    sît ich die vlust an dir gewan?'
      mit unkreften Vîvîanz
    sprach: 'sît ich von Alischanz
    schiet, ich enhôrte niht noch sach:
20 wan Kêrubîn der engel sprach,
    ich solde dich noch ob mir gesehen.
    herre und œheim, ich wil jehen
    ûf die vart, die ich kêren muoz.
    ich hân mit sünden manegen gruoz
25 und hôhe wirde emphangen:
    ez ist alsus ergangen,
    daz diu künegîn ir prîs
    an mir erzeicte und ich sô wîs
    noch nie wart gein iu beiden,
30 daz ich kunde ûz gescheiden

66   dienst, der dâ gegen töhte:
    ich enkunde ouch noch enmöhte,
    ob mîn tûsent wæren.
    mîn wille in den gebæren
5 was, daz ich triuwe gein iu hielt,
    die nie kein wanc von mir gespielt.
    dô ich ze Termis wart ein man
    mit iuwer helfe und ich gewan
    schiltes ammet und die gesellen mîn,
10 waz koste ich dô die künegîn!
    des wære den keisern gar genuoc,
    swaz ir ie krône noch getruoc.
    der küneginne Gîburc
    ir helfe an mir was wol sô kurc,
15 die man erkennen mohte,
    diu baz ir wirde tohte
    denne mînem armen prîse:
    ich weiz wol, ist got wîse,
    er lônets ir mit güete,
20 hât er sîn alt gemüete.
    œheim, nû getrûwe ich dir
    durch sippe, die dû hâs ze mir,
    dû habes si durch mich deste baz.

nû wirt des willen nimmer laz
25 und gedenke, waz ich ze Termis sprach,
daz ez beidiu hôrte und sach
manec hundert ritter werder diet,
als mir mîn hôher muot geriet,
ich envlühe nimmer Sarrazîn:
30 habe ich mit sünden helfe dîn
67   gedient, daz sî der sêle leit,
und ob ich zagelîchen streit.'
    waz möhte der marcgrâve tuon,
dô der junge, sîner swester sun,
5 sô kleiner schulde dâ gewuoc,
er enhete ouch trûrens dô genuoc,
und des in sîner bîhte jach?
dâ engegen er trûreclîchen sprach:
'wê mir dîner klâren geburt!
10 waz wolde ich swertes um dich gegurt?
dû soldes noch kûme ein sprinzelîn
tragen.   dîner jugende schîn
was der Franzoisære spiegelglas.
swaz dîns liehten antlitzes was,
15 dar an gewuohs noch nie kein gran:
war umme hiez ich dich ein man?
man solde dich noch vinden
dâ heime bî andern kinden
billîcher, denne dû hetes getragen
20 schilt, dar under dû bist erslagen.
ich sol vor gote gelten dich:
dich ensluoc hie niemen mêr wan ich.
dîn tôt sol mîner tumpheit
vüegen alsô vrühtec leit,
25 daz zallen zîten jâmer birt,
unz mînes lebens ende wirt.
diu schulde ist von rehte mîn:
durch waz vuorte ich ein kindelîn
gein starken wîganden
30 ûz al der heiden landen?'
68   dô sus des marcgrâven mâc
in sîner schôz unkreftec lac,

er sprach hin zim mit herzen klage:
'hâstû, daz alle suntage
5 in Francrîche gewîhet wirt?
dehein priester dâ verbirt,
er ensegene mit gotes kraft ein brôt,
daz guot ist vür der sêle tôt.
daz selbe ein apt mir gewan
10 dort vor sande Germân:
ze Pârîs daz ammet wart getân.
in mîner taschen ichz hie hân.
daz emphâh durch dîner sêle heil:
des geleites wirt si geil,
15 ob si mit angest vür sol gên
und zurteil vor gote stên.'
        daz kint sprach: 'ich enhân es niht.
mîn unschuldeclîch vergiht
sol mir die sêle leiten
20 ûz disen arbeiten,
aldâ si ruowe vindet,
ob mich der tôt enbindet.
doch gip mir sînen lîchnamen her,
des mennescheit von sblinden sper
25 starp, dâ diu gotheit genas.
der gesellekeite Tismas
der helle nie bekorte:
Jêsus an im wol hôrte,
daz in sîn ruof erkande:
30 der sêle nôt er wande.
69 nû rüefe ouch ich den selben ruof
hin ze dem, der mich geschuof
und der mir werlîche hant
in sînem dienste gap bekant.
5 küsse mich, verkius gein mir,
swaz ich ie schult getruoc gein dir.
diu sêle wil hinnen gâhen:
nû lâz mich balde emphâhen,
ob dû ir ze helfe iht welles geben.'
10 dô erz emphienc, sîn jungez leben
erstarp: sîn bîhte ergienc doch ê.

rehte als lignâlôê
al die boume mit viure wæren enzunt,
solh wart der smac sâ ze stunt,
15 dâ sich lîp und sêle schiet.
sîn hinvart alsus geriet.
   waz hilfet, ob ichz lange sage?
der marcgrâve was mit klage
ob sîner swester kinde.
20 des orses zoum diu linde
begriffen hete vaste,
ein drum von einem aste,
dô er drabe was gevallen.
nû heten ouch ûz verwallen
25 sîniu ougen an den stunden
ursprinc, daz si vunden:
sîn herze was trucken gar
und beidiu ougen saffes bar.
er mohte sich dô wol umme sehen,
30 die strâze gein Ôransche spehen,
70 dar in doch sîn herze treip.
unlange er dô beleip:
er dâhte an schaden, des er phlac,
und an den vlüstebæren tac,
5 wie jâmerlîch im der ergienc.
mit armen er dicke ummevienc
den tôten, sîner swester sun.
mit dem begunde er alsus tuon:
in huop der küene starke man
10 vür sich ûf daz kastelân.
die rehten strâze er gar vermeit,
ûf bî Larkant er reit,
gein der muntâne er kêrte,
als in diu angest lêrte.
15 iedoch wart er an gerant
von liuten, die mir niht bekant
sint (ir was et im ze vil),
sô nâhen gein dem râmes zil.
ieslîcher sîn sper sancte,
20 der im ze vâre sprancte.

Vivianzen er nider warf:
er tet sô der der wer bedarf.
sus streit der unverzagete,
unz er sich vor in entsagete:
25 im stûdach sîn vermisset wart.
dô kêrte er an die widervart
und reit, dâ er Vivianzen liez.
sîn triuwe gebôt unde hiez,
sinem neven die naht er wachte,
30 des sîn herze dicke erkrachte.

71   alsus ranc er ob im die naht.
dicke wart von im gedâht
des morgens, sô der tac erschine,
ob er in möhte vüeren hine
5 oder wie erz an gevienge,
ob anderstunt ergienge,
daz er würde an gerant:
sô müeste er in aber al zehant
nider lâzen vallen:
10 sô wære der heiden schallen
und ir spottes deste mêr.
diz bekande herzesêr
twanc in âne mâze.
er dâhte: 'ob ich dich lâze
15 hinder mir durch vorhte hie,
sus grôz unprîs geschach mir nie.
doch muoz ich Puzzâten laden
wênec durch der heiden schaden:
deste baz ich dan und zuo zin mac.
20   innen des gienc ûf der tac.
sînen neven kuste er unde reit,
dâ er mit vünfzehen künegen streit:
die wâren ouch an der wache
die naht mit ungemache
25 ze hulden Tervigant ir gote
und ouch von Terramêres gebote
und bî dem eide gemant.
des hers vride was benant
benamen ze vâre der kristenheit.

30 ieslîch künec niwan selbe reit.

72   die andern gesunden
        mit tôten und mit wunden
        ze schaffen heten ouch genuoc:
        ein ieslîch armer ritter truoc
  5 herren oder mâge ûz dem wal,
        dar um die künege über al
        die naht der wache phlâgen
        und in harnas lâgen.
        eskelîre und amazûre gar,
 10 der houbetman ieslîcher schar,
        manec küene rîche emerâl,
        der huote phlâgen alummez wal
        von dem gebirge unz an daz mer,
        ob under dem getouften her
 15 dannoch iemen wære genesen,
        daz er des tôdes müeste wesen.
            der markîs des morgens vruo
        reit den vünfzehen künegen zuo.
        Ehmereiz von Todjerne
 20 in bekande und sach in gerne,
        der werden Gîburge sun.
        der wolde die êrsten tjost dâ tuon:
        des enweiz ich niht, ob daz geschach,
        wan ieslîcher balde brach,
 25 swaz in sîner hant kom her.
        dâ wurden vünfzehen sper
        ûf den markîs gestochen,
        ieslîchez gar zebrochen:
        dâ zorse er kûme vor in besaz.
 30 Schoiûsen er dô niht vergaz,
73   sîns swertes, dâ mit er manegen swanc
        tet, der durch künege helme erklanc.
            ir namen und ir rîche,
        dâ si gewaldeclîche
  5 krône vor vürsten hânt getragen,
        die lât iu nennen unde sagen.
        sît zwuo und sibenzec sprâche sint,
        er dunket mich der witze ein kint,

swer niht der zungen lât ir lant,
10 dâ von die sprâche sint bekant.
   sô man die zungen nennet gar,
   ir nement niht zwelfe stoufes war:
   die andern hânt in heidenschaft
   von wîten landen grôze kraft.
15 dâ heten dise ouch eteswaz,
   die dem markîs zeicten haz.
      der von Todjerne ist genant,
   Ehmereiz, Tîbaldes sun erkant.
   sô mac von Marroch Akerîn
20 mit êren vürsten herre sîn,
   des bâruckes geslehte,
   der mit kristenlîchem rehte
   Gahmureten ze Baldac
   bestatte, dâ von man sprechen mac.
25 welh bivilde er im erkôs,
   dâ er den lîp durch in verlôs,
   wie sprach sîn epitafjum
   (daz was ze jâmers sîten vrum),
   wie was gehêrt sîns sarkes stat,
30 alsô der bâruc selbe bat,
74 von smârât und von rubîn,
   die rede lâzen wir nû sîn.
      ich wil die künege nennen gar:
   rois Mattahel von Tâfar,
 5 rois Gastablê von Kômîs.
   dô sach der marcgrâve wîs,
   der strît wolde in dâ niht vergên.
   rois Tampastê von Tabrastên.
   rois Gôrîax von Kordubin:
10 der truoc manheit unde sin.
   rois Haukauus von Nûbîâ
   streit ouch vil manlîche dâ.
   Kursaus von Barberîe,
   von untât der vrîe,
15 rois Bûr von Siglimessâ
   und rois Korsublê von Danjatâ.
   rois Korsudê von Saigastin:

wênec was dâ sîn gewin.
rois Frâbel von Korâsen:
20 des helm emphienc dâ mâsen.
rois Hastê von Alligues
vrâcte den marcgrâven des,
waz er wolde an sînen wec.
rois Embrons von Alimec,
25 rois Joswê von Alahôz.
daz bluot in durch die ringe vlôz
allen, wan Gîburge sun:
dem enwolde er dâ niht tuon.
daz enliez er durch in selben niht:
30 Gîburge diz mære svrides giht,
75   in der geleite er dannen reit:
der markîs niht mit im enstreit.
    sîn stiefsun Ehmereiz sprach sân:
'ei waz dû lasters hâs getân
5 an mîner muoter al den goten!
dîn zouber nam si ûz ir geboten
und mînem vater Tîbalt.
dar umme Termis wirt gevalt
und al diu kristenheit durchriten.
10 dû hâs ze lange alhie gebiten:
mit tôde giltet nû dîn lîp,
daz ie sô wîplîchez wîp
durch dich zebrach unser ê.
daz tuot al mînem geslehte wê.
15 ich enschilte ir niht, diu mich gebar,
ob ich der zuht wil nemen war:
doch trage ich immer gein ir haz.
mir stüende diu krône al deste baz,
hetez Arâbel niht verworht:
20 daz hât mîn schame sît dicke ervorht.'
    dô Ehmereiz Gîburge barn
sô ritterlîche kom gevarn
und al sîn wâpenlîchez kleit
nie dehein armuot erleit
25 (wan ez was tiure unde lieht),
der marcgrâve tet im niht,

gein sîner rede er ouch niht sprach:
swes er von Gîburge jach,
daz wart im einen gar vertragen.
30 die andern wunt und erslagen
76 wurden: ir ehte vluhen durch nôt,
siben **aldâ** belâgen tôt.
von den reit dô vürbaz
der markîs ûf niuwen haz
5 gein zwein künegen hôch'gemuot:
daz wâren ritter alsô guot,
gein strîte rehte vlinse.
gein einem swæren zinse
die helde beide lâgen,
10 die maneges prîses phlâgen.
der eine von Liwes Nûgruns,
der werde künec Tenebruns,
und Arofel von **Persîâ,**
die lâgen ir hers al eine dâ,
15 der Gîburge veter was.
ist in dem meien touwec gras
geblüemet durch den süezen luft,
dise zwêne durch prîs und durch ir **guft**
wâren baz geflôrieret
20 und alsô gezimieret,
daz es diu minne hête prîs.
solde ich gar in allen wîs
von ir zimierde sagen,
sô müeste ich mînen meister **klagen,**
25 von Veldeke: der kundez baz.
der wære der witze ouch niht sô **laz,**
er nande iu baz denne al mîn sin,
wie des iewedern vriundin
mit spæhheit an si legete kost.
30 si gâhten zorse ûf durch die tjost.
77 dô der markîs gein in her
reit, dâ wurden beidiu sper
von rabîne gesenket
und niht von im gewenket,
5 er liez si et hurteclîche komen.

dô beide tjost wâren genomen
von dem marcgrâven starc,
sîne reise er wênec barc:
er wolde et zÔransche hin,
10 dâ Giburc diu künegin
sîn herze nâhen bî ir truoc.
ieweder künec ûf in sluoc
sô die smide ûf den anebôz.
Schoiûse wart der scheiden blôz
15 und manlîch gezucket
und beide sporn gedrucket
Puzzât durch die sîten.
manlîch was ir strîten.
    der künec Tenebruns lac tôt.
20 alrêst gap strîtlîche nôt
dem Franzois der Persân.
hurtâ, wiez dâ wart getân!
die schiltes schirben vlugen enbor.
ein swert der künec Pantanor
25 gap dem künege Salatrê,
der gapz dem künege Antikotê,
der gapz Esserê dem emerâl,
der gapz dô als lieht gemâl
Arofel dem küenen:
30 der kunde ouch wênec süenen.
78 sus kom daz swert von man ze man,
unz ez der Persân gewan,
Arofel, derz mit ellen truoc
undz vil genendeclîchen sluoc,
5 wande er mit strîte kunde
und niemen vür sich gunde
deheinen prîs ze bejagene.
ich hete iu vil ze sagene
von sîner hôhen werdekeit
10 und wie er den ruoft erstreit
under al den Sarrazînen,
daz er sich kunde pînen
von hôher kost in wîbe gebot
und ouch durch sîner vriunde nôt,

15 berlích im selben ouch ze wer.
    under al dem Terramêres her
    was ninder bezzer ritter dâ
    denne Arofel von Persîâ.
    Gíburge milte was geslaht
20 von im: er hetez dar zuo brâht,
    daz ninder kein sô miltiu hant
    bî sînen zîten was bekant.
      Arofel der rîche
    streit genendeclîche:
25 er bejagete ê werdekeit genuoc.
    daz ors mit hurte in nâher truoc,
    daz die riemen vor einem knie
    brâsten dort unde hie:
    am lendenier si entstricket wart
30 von der hurteclîchen vart,

79   diu îserhose sanc ûf den sporn:
    des wart sîn blankez bein verlorn.
    halsberges gêr und kursît
    und der schilt an der selben zît
5 wâren drabe geruct, daz bein stuont blôz:
    den blanken diechschenkel grôz
    der markîs hin abe im swanc.
    des küneges wer wart dô kranc:
    er bôt ze geben sicherheit,
10 der ê genendeclîchen streit,
    und dar zuo hordes ungezalt.
    von dem orse er wart gevalt:
    der markîs erbeizte ouch dô,
    des gevelles was er vrô.
15 Arofel âne schande
    bôt drîzec helfande
    zAlexandrie in der habe
    und daz man goldes næme drabe,
    swaz si mit arbeite
20 trüegen, und guot geleite
    al dem horde unz in Pârîs.
    'helt, dû enhâs deheinen prîs,
    ob dû mir nims mîn halbez leben:

dû hâs mir vreuden tôt gegeben.'

25 dô der markîs sîniu wort
vernam, daz er sô grôzen hort
vür sîn verschertez leben bôt,
er dâhte an Vîvîanzes tôt,
wie der gerochen würde,
30 und daz sîn jâmers bürde
80 ein teil gesenftet wære:
den künec vrâcte er mære,
daz er im sagete um sînen art,
von welhem lant sîn übervart
5 ûf sînen schaden wære getân.
er sprach: 'ich bin ein Persân.
mîn krône aldâ der vürsten phlac
mit kraft unz an disen tac:
nû ist diu swacheit worden mîn.
10 ei bruoder tohter, daz ich dîn
mit schaden ie sus vil engalt!
Arâbel unde Tîbalt,
læget ir vür mich beide erslagen,
iuwern tôt man minner solde klagen.'
15 der künec niwan der wârheit jach.
der markîs mit zorne sprach:
'dû garnes al mîn herzesêr
und daz dîn bruoder Terramêr
mîne besten mâge ertœtet hât
20 und daz dîn helfeclîcher rât
dâ bî sô volleclîchen was.
ob alz gebirge Kaukasas
dîner hant ze gebene zæme,
daz golt ich gar niht næme,
25 dû engültes mîne mâge
mit des tôdes wâge.'
Arofel sprach: 'mac iemen hân,
dar umme dû mich halben man
alsus verhouwen lâzes leben,
30 des wirt dir vil vür mich gegeben.
81 nû sich, dort stêt Volatîn
daz ors, dâ mit diu schulde mîn

gein dir wære vergolten gar.
ich nam durch mîne triuwe war
5 zehen künege, mînes bruoder kint:
die hie mit grôzer vuore sint,
durch die vuor ich von Persîâ.
ist in mînem rîche aldâ
iht, des dû gers vür mînen tôt,
10 daz nim und lâz mich leben mit nôt.'
    war umme solde ichz lange sagen?
Arofel wart aldâ erslagen.
swaz harnass und zimierde vant
an im des marcgrâven hant,
15 daz wart vil gar von im gezogen
undz houbet sîn vür unbetrogen
balde ab im geswenket
und der wîbe dienst gekrenket.
ir vreuden urbor an im lac:
20 dâ erschein der minne ein vlüstec tac.
noch solden kristenlîchiu wîp
klagen sînen ungetouften lîp.
    der marcgrâve ninder vlôch,
ê daz er von im selben zôch
25 harnas, daz er ê hête an:
ein bezzerz, daz der tôte man
gein im ze strîte brâhte,
balde er des gedâhte,
mit zimierde legete erz an den lîp.
30 des bekande in niht sîn selbes wîp
82 sît, dô es im wart vil nôt,
swie kuntlîch rede er ir bôt.
diu zimierde gap kostbæren schîn.
Arofels ors, hiez Volatîn,
5 dar ûf saz er al zehant.
beidiu swert er umme bant:
Arofels schilt er dar zuo nam,
der künege wol ze vüeren zam.
Puzzât sîn ors was sêre wunt:
10 den zoum er drabe zôch an der stunt,
daz ez sich hungers werte.

mit im ez dan doch kêrte:
swâ sîn herre vor im reit,
die selben slâ ez niht vermeit.
15   sus reit der unverzagete,
sô daz in niemen jagete,
unz er Ôransche ersach,
ûf dem palas sîn liehtez dach:
des wart sîn vreude erhœhet,
20 diu ê was gar gevlœhet
ûz sînem herzen hin ze tal.
von pusînen hôrte er schal
und sach von rotten manegen stoup.
Terramêr hete urloup
25 sîner tohter sun ê gegeben,
daz er Gîburge ir leben
ûf Ôransche næme.
nû seht, wie daz gezæme
von Griffâne Poidjus,
30 daz er sîner muomen sus
der sippe wolde lônen.
billîcher solde er schônen
ir und aller wîbe.
ze scherme Gîburge lîbe
5 kom geîlt rois Tesereiz.
vür wâr ich noch an wîben weiz,
swelh ritter hete alsolhen site,
der Tesereize wonte mite,
daz der möhte ir minne hân.
10 des wîbes herze treget der man:
sô gebent diu wîp den hôhen muot.
swaz iemen werdekeit getuot,
in ir handen stêt diu sal.
wert minne ist hôch an prüevens zal.
15   die phede und die strâze gar
verdecket wâren mit maneger schar,
swaz der gein Ôransche lac.
der markîs einer künste phlac,
daz sîn munt wol heidensch sprach:
20 sîn schilt was heidensch, den man sach,

sîn ors was heidensch, daz er reit,
al sîniu wâpenlîchiu kleit
gevuort ûz der heiden lant.
Willehalm der wîgant

25 gein al den storjen kêrte.
sîn manheit in lêrte,
swâ die lücke giengen durch,
ez wære ûf wisen oder in vurh,
daz er dâ sanfte staphte.

30 des hers vil an in kaphte.

84   Poidjus von Griffâne
enthielt sich ûf dem plâne,
unz im sîn her kom gar.
er hete ouch ze vil der schar

5 von Tesereizes krefte,
in des geselleschefte
ûz sîn selbes lande dar gebeten,
die von Soitiers und die Latriseten
und die von Kollône.

10 ouch dienden sîner krône
die von Pâlerne:
Tesereize ouch dienden gerne
die von Grikulâne
ûz der wilden muntâne

15 mit bogen und mit slingen,
dâ mite si kunden ringen.
    der marcgrâve niht vermeit,
durchz her gein Ôransche er reit:
des kom er zarbeite.

20 si pruovten ein gereite,
daz ûf dem wunden orse lac,
und eines sites, des er phlac,
daz er ein kleinez pelzelîn
(daz selbe was lieht hermîn)

25 an zôch, dar ob er wâpen truoc
(des pelzelîns ein gêre sluoc
hinden über den satelbogen),
und dô Puzzât vür unbetrogen
sô ebene zogete ûf sîner slâ,

30 des bekanden in die heiden dâ.

85   si sprâchen: 'jenez ors truoc den man,
        von dem Pînel den tôt gewan
        und der uns Arfiklanden
        ersluoc und Turkanden.

  5 daz selbe ors den einen truoc,
    der den künec Turpîûnen sluoc,
    den rîchen von Falturmîê.
    swiez um disen ritter stê,
    ich wæne, der schade von im geschach.

10 diz ors im zoget sus ebene nâch:
   er ist vür wâr ein kristen
   und wil von uns mit listen.
   dort unden sîn hermîn gewant
   ûz der Franzoisære lant

15 gein uns ist her gevüeret.'
        dâ wart mit sporn gerüeret:
   des was et dô dehein ander rât,
   dâ ergienc mit poinder puntestât.
   immer zweinzec ensament stâchen

20 oder mêr, daz gar zebrâchen
   ûf im diu sper ze stücken gar.
   in gap ein schar der andern schar
   von hant ze hant als einen bal:
   sus vuorten si in berge und tal.

25 Arofels ors Volatîn
   und Schoiûse daz swert sîn
   dâ wurden bürgen vür sîn leben.
   dem wîbe lônes was vil gegeben,
   der künec von Kollône

30 bat in dâ rîten schône:

86   der vuor im dâ ze næhest bî.
   'ich wil wizzen, wer diz sî'
   sprach Tesereiz der minnen kranz:
   des sper was lieht von varwe glanz.

  5   er sprach: 'ob dû getoufet sîs,
   sô emphâh ein tjost durch dînen prîs.
   ob dûz der marcgrâve bist,
   half dir dô dîn herre Krist,

                                            5*

daz diu Arâboisinne
10 Arâbel durch dîne minne
rîchiu lant und werde krône
dîner minne gap ze lône
(trüege solh êre ein Sarrazîn,
als wont an dem prîse dîn,
15 des wæren al unser gote gemeit),
ich wil durch dîne werdekeit
dich vor al den heiden nern,
benamen durch dîne minne wern.
mir enhât hie niemen vollen strît:
20 mîn her wol ebenhiuze gît
von Grikulâne unz an den Roten.
ich wil dich unsern werden goten
wol ze hulden bringen:
dâ mac dîn dienst wol ringen
25 nach wîbe lôn und um ir gruoz.
ob ich mit dir strîten muoz,
ich weiz wol, dast der minne leit.
sô unsanfte ich nie gestreit
mit deheiner slahte man,
30 wande ich dir keines schaden gan.'
87   er bat in dicke kêren
und er wolde im rîcheit mêren:
er warp nâch fîanze.
ze treviers wart ein lanze
5 ûf den markîs gestochen.
die begreif er unzebrochen
und want si einem heiden ûz der hant:
des wart sîn tjost mit schaden erkant.
innen des rief Tesereiz:
10 'nû kêre, ob dich in dienste weiz
Arâbel diu künegîn.'
wider wart geworfen Volatîn
gein dem künec von Latrisete:
er leiste unsanfte sîne bete.
15 hie wurden diu ors mit sporn genomen.
dâ was manheit gein ellen komen
und diu milte gein der güete,

kiusche und hôchgemüete,
mit triuwen zuht ze beider sît:
20 der ehte schanze was der strît.
daz niunde was diu minne:
diu verlôs an ir gewinne.
von rabîne hurteclîchen
si liezen nâher strîchen:
25 dâ wart failieren gar vermiten
und beidiu sper enzwei geriten.
diu tjost dâ sterben lêrte
Tesereizen, der ie mêrte
prîs, des diu werlt gereinet was.
30 gêrt sî velt unde gras,
88 aldâ der minnære lac erslagen:
daz velt solde zucker tragen
alumme ein tagereise.
der klâre kurteise
5 möhte al den bîen geben ir nar:
sît si der süeze nement war,
si möhten, wæren si iht wîse,
in dem lufte nemen ir spîse,
der von dem lande kumt gevlogen,
10 dâ Tesereiz vür unbetrogen
sîn ritterlîchez ende nam.
er was der minne ein blüender stam,
den tôte smarcgrâven hant:
den hete ouch minne dar gesant.
15 Gîburge bote was wol ze wer:
mit poinder nam in vür daz her
ze volge und ze treviers.
'Mahmete, und ganstû mirs',
sprach maneger, 'ich begrîfe dich.'
20 an allen sîten manegen stich
im manec geruowetiu storje bôt.
er vlôch dan. Puzzât lac tôt,
sîn ors: daz begunde er klagen.
Schoiûse wart dô vil geslagen
25 den heiden zungemache.
kastânen boume ein schache

dâ stuont mit wînreben hôch:
in der dicke er in entvlôch.
snellîchen truoc in Volatîn
30 zÔransche vür die porte sîn.
89   alrêst twanc in jâmers nôt
um sînes werden hers tôt
und Vîvîanzes sînes neven.
ein alder kapelân, hiez Steven,
5 ûf der wer ob der porte stuont:
dem tet der marcgrâve kunt,
daz er dâ selbe wære.
der geloupte niht der mære.
diu künegîn kom selbe dar,
10 si nam der zimierde war:
der koste si bevilte.
si pruovte ouch bî dem schilte,
daz er ein heiden möhte sîn.
Arofels ors Volatîn
15 was niht sô Puzzât getân.
si sprach: 'ir sît ein heidensch man.
wen wænt ir hie betriegen,
daz ir sus kunnet liegen
von dem markîs âne nôt?
20 sîn manheit im ie gebôt,
daz er bî den sînen streit
und vlühtec nie von in gereit
durch deheiner slahte herte.
maneger iu daz werte,
25 iuwer halden hie sô nâhen,
wan daz ez kan versmâhen
hie inne al mîner ritterschaft.'
dô was ir werlîchiu kraft
gedigen et an den kapelân:
30 dort inne was kein ander man.
90   der markîs zer künegîn
sprach: 'süeziu Gîburc, lâ mich în
und gip mir trôst, den dû wol kans.
nâch schaden dû mich vreuden mans:
5 ich hân mich doch ze vil gesent.'

si sprach: 'ich bin des niht gewent,
daz der markîs al eine
kume. mit einem steine
sol iu gewinket werden,
10 daz ir liget ûf der erden:
iuwers haldens ich iu hie niht gan.'
der heiden hers ein woldan
wol vünf hundert menschen vuorten,
die si mit geiseln ruorten:
15 daz wâren die kristen armen.
die begunden sêre erbarmen
Gîburge, diu si hôrte und sach.
zem marcgrâven si dô sprach:
'wært ir herre dises landes,
20 ir schamtet iuch maneges phandes,
als iuwer volc dort lîdet.
ob ir helfe bî den mîdet,
sô weiz ich wol, daz irz niht sît.'
    Munschoie wart geschrît
25 und ûf geworfen ûz der hant
Schoiûse: des ecke wâren bekant.
dâ wart gehardieret
und alsô gepunieret,
swen er erreichte, der lac dâ tôt.
30 die heiden vluhen vor durch nôt:
91 olbenden und dromendarîs
dâ beliben, geladen in manegen wîs
mit wîne und mit spîse.
der marcgrâve wîse
5 Arofels wâpen dâ genôz:
wan des kraft was sô grôz
über al der heiden her,
daz ir neheiner kom ze wer.
si vorhten, daz erz wære,
10 und erschracten sô der mære,
daz si ir gewin liezen stên.
die soume hiez er wider gên:
über al der kristenliute bant
ûf sneit des marcgrâven hant

15 und bat si et wider trîben:
  er liez dâ niht belîben,
  swaz im ze nutze tohte.
  mit êren er dô mohte
  komen vür die porten sîn.
20 dannoch wânde diu künegîn,
  daz si wære verrâten.
  în lâzens dicke bâten
  der markîs und diu erlôste diet.
    der küneginne vorhte riet,
25 daz si den markîs mande,
  daz in doch wênec schande:
  'dô ir durch âventiure
  bî Karl dem lampriure
  nâch hôhem prîse runget
30 und Rômære betwunget,

92   eine mâsen, die ir emphienget dô
  durch den bâbest Lêô,
  die lât mich ob der nasen sehen.
  sô kan ich schiere daz gespehen,
5 ob irz der marcgrâve sît:
  alrêst ist în lâzens zît.
  hân ich danne ze lange gebiten,
  ich kan mit vorhtlîchen siten
  um iuwer hulde werben
10 (daz enlâze ich niht verderben)
  mit dienestlîchem koufe.'
  der helm und diu goufe
  wart ûf gestricket und abe gezogen.
  diu künegîn was unbetrogen:
15 die mâsen si bekande.
  mit vreuden si in nande:
  'Willehalm ekurneis,
  willekomen, werder Franzeis.'
    si bat die porte ûf sliezen.
20 er mohte ê niht geniezen,
  swaz er ir ze künde sagete:
  daz si vil dicke klagete,
  dô si im mit vorhten manegen kus

gap. der markîs alsus
25 sprach: 'Gîburc, süeze âmîe,
    wis vor mir gar diu vrîe,
    swaz ich hazzes ie gewan,
    wan ich gein dir niht zürnen kan.
    nû geben beide ein ander trôst:
30 wir sîn doch trûrens unerlôst.'

93   des wortes Gîburc sêre erschrac.
    si dâhte: 'ob ich in vrâgen mac
    der rehten mære von Alischanz?
    ob er selbe und Vîvîanz
 5 daz velt behabeten mit gewalt
    gein dem künege Tîbalt
    oder wiez dâ ergangen wære?'
       alweinde si vrâcte mære:
    'wâst der klâre Vîvîanz,
10 Mîle unde Gwigrimanz?
    ouwê dîn eines komenden vart!
    wâst Witschart und Gêrhart,
    die gebruoder von Blavî,
    und dîn geslehte von Komarzî,
15 Samsôn und Jozeranz
    und Hûwes von Meilanz
    und der phalenzgrâve Bertram
    (der selbe dînen vanen nam)
    und Hûnas von Sanctes,
20 dem dû nie gewanctes
    deheines dienstes noch er dir?
    herre und vriunt, nû sage mir,
    wâst Gautiers und Gaudîn
    und der blanke Kibelîn?'
25 der markîs begunde klagen.
    er sprach: 'ich kan dir niht gesagen
    ieslîches vürsten sundernôt.
    berlîch Vîvîanz ist tôt:
    in mîn selbes schôz ich sach,
30 daz der tôt sîn jungez herze brach.

94   mir hât dîn vater Terramêr
    gevrumt manegiu herzesêr

und tuot noch, ê erz lâze.
mîn vlust ist âne mâze.'

5 dôz Gîburc hete alsus vernomen,
daz ir vater selbe wære komen
ûf Alischanz von über mer,
si sprach: 'al kristenlîchiu wer
mac im niht widerrîten.
10 sîn helfe wont sô wîten,
von Orjente unz an Pozzidant,
dar zuo al indîâschiu lant,
von Orkeise her unz an Marroch,
dar zuo den wîten strich dannoch
15 von Griffâne unz an Rankulât
die besten er mit im hie hât,
sîne man und al mîn künne.
uns nâhet swachiu wünne.
hete wir doch solhe kraft,
20 daz si an den zingeln ritterschaft
und hie zen porten müesten holn!
dâ von si möhten schaden doln.
ich erkenne si sô vermezzen,
wir werden hie besezzen:
25 nû wer sich wîp unde man.
niht bezzers râtes ich nû kan:
daz næste gedinge ist unser leben.
daz sule wir niht sô gâhes geben:
si mugen wol schaden erwerben,
30 ê daz wir von in sterben.
95 Ôransche ist wol sô veste,
ez gemüet noch al die geste.'
    manlîche sprach daz wîp,
als ob si manlîchen lîp
5 und mannes herze trüege.
er was wol sô gevüege,
daz er si nâhen zuo zim vienc:
ein kus dâ vriuntlîch ergienc.
unverzagetlîch er sprach:
10 'nâch senfte hœret ungemach.
wer möhte ouch haben den gewin,

als ich von dir berâten bin
an hôher minne teile,
sîn leben wære drum veile
15 und allez, daz er ie gewan?
guoten trôst ich vor mir hân,
mahtû behalden dise stat:
manec vürste, den ichs noch nie gebat,
durch mich rîten in diz lant.
20 mit swerten lœse ich dîniu bant,
swaz si dir mit gesezze tuont.
mîner mâge triuwe ist mir wol kunt.
dar zuo der rœmesch künec ouch hât
mîn swester, der mich nû niht lât.
25 mîn alder vater von Naribôn
sol dir mit dienste geben lôn,
swaz er und elliu sîniu kint
von dînem prîse gêret sint.
nû sage ûf dîne wîpheit,
30 ist dir mîn dar rîten leit

96 oder liep mîn hie belîben?
swar mich dîn rât wil trîben,
dar wil ich kêren unz an den tôt.
dîn minne ie dienest mir gebôt,
5 sît mich emphienc dîn güete.'
nû kom daz her mit vlüete.
der künec von Marroch Akerîn
dâ kom mit maneger storje sîn.
Terramêr, der voget von Baldac,
10 gewâpent gein Ôransche phlac
gâhens, swaz er mohte.
swaz al des hers tohte,
beidiu zorse und ze vuoz
vür Ôransche komen muoz:
15 solh was der banier zuovart,
als al die boume in Spehteshart
mit zendâl wæren behangen.
si enwurden niht emphangen
mit strîtes gegenreise:
20 Willehalm der kurteise,

al die porte und drobe die wer
bevalh er dem erlôsten her,
daz er in dem woldan
bî den soumen dort gewan.
25 den gap er manlîchen trôst
und mande, wie si wæren erlôst,
daz si dar an gedæhten,
swenne in die heiden næhten.
vil steine kint unde wîp
30 ûf die wer truoc, ieslîches lîp,
97   sô si meiste mohten erdinsen.
si woldenz leben verzinsen.
    Terramêr dô selbe niht vermeit,
ze vâre um Ôransche er reit,
5 sîner tohter schaden er spehte.
dô daz her gar verschehte
ieslîch storje mit ir kraft,
daz si dehein ritterschaft
an zingeln noch an porten
10 weder sâhen noch enhôrten,
die man zorsen solde tuon,
Fâbors Terramêres sun
gap ieslîchem künege stat,
als in sîn vater ligen bat.
15 Terramêr und Tîbalt
sich schône legeten mit gewalt
vür die porten gein dem palas,
dâ Gîburc selbe ûfe was.
zwêne künege rîch erkant,
20 Pohereiz und Korsant
an der andern sîten lâgen,
die wîter ringe phlâgen.
zuo den loschierte
manec vürste, der zimierte
25 mit hôher koste sînen lîp,
ich wæne dâ heime durch diu wîp.
    die zwuo sîten sint belegen:
wer sol der dritten porten phlegen,
diu ûz gienc gein dem plâne?

30 der künec von Griffâne

98   und rois Margot von Pozzidant
    und der hürnîn Gorhant,
    die phlâgen der dritten porten.
    zer vierden sîten hôrten

5 Fâbors und Ehmereiz,
   Morgowanz uud Passigweiz,
   Gîburge drî bruoder und ein ir sun.
   si mohtenz ungerne tuon,
   die jungen künege hôchgemuot.

10 wie diu vünfte sî behuot?
   der phlac der künec Halzebier.
   noch mêr ist ir benennet mir:
   Âmîs und Kordeiz
   und der künec Matribleiz

15 und Josweiz der rîche.
   der lac wol dem gelîche,
   daz Matûsales sîn vater
   (die werden ûz den bœsen jater
   sô den distel ûz der sât)

20 sîns vater helfe und des rât
   vrumte in von sînem lande
   über mer âne alle schande
   sô, daz er vuorte manegen helt,
   die gein den vînden wâren erwelt.

25 drîzec künege wâren im benant
   und manec eskelîr vil rîch erkant,
   amazûr und emerâl.
   die swuoren sunder twâl
   daz gesez ein jâr vür die stat,

30 als si Tîbalt durch râche bat.

99   Ôransche wart ummelegen,
    als ob ein wochen langer regen
    niht wan ritter güzze nider.
    wir hân daz selten vreischet sider,

5 daz sô manec kostebære gezelt
   vür keine stat über al daz velt
   sô rîchlîch würde ûf geslagen.
     durch sîn gemach und durch ir klagen

Gîburc den markîs dan
10 vuorte, den strîtes müeden man.
dô daz ûzer her verzabelt was
und daz inner wol genas,
sô daz in niemen stürmen bôt
und daz gestillet was diu nôt,
15 in ein kemenâten gienc
Gîburc, diuz sus ane vienc
mit ir âmîse.
dâ entwâpende in diu wîse:
si schouwete an den stunden,
20 ob er hete deheine wunden,
der si von phîlen etslîche vant.
diu künegîn mit ir blanken hant
gelâsûrten dictam
al blâ mit vînæger nam
25 und sô die bône stênt gebluot,
die bluomen sint ouch dar zuo guot:
ob der phîle dâ wære beliben,
dâ mit er würde her ûz getriben.
si bant in sô, daz Amfortas
30 mit bezzerm willen nie genas,
100 und ummevienc in âne nît.
ob dâ schimphes wære zît?
waz sol ich dâ von sprechen nuo?
wan ob si wolden grîfen zuo
5 ze beider sît ir vrîheit,
dâ engein si niht ze lange streit:
wande er was ir und si was sîn.
ich grîfe ouch billîch an daz mîn.
si vielen sanfte âne allen haz
10 von palmât ûf ein matraz.
als senfte was ouch diu künegîn,
rehte als ein jungez genselîn
an dem angriffe linde.
mit Terramêres kinde
15 wart lîhte ein schimphen dâ bezalt,
swie zornec er und Tîbalt
dort ûze ietweder wære.

ich wæne, dô ninder swære
den marcgrâven schuz noch slac.
20 dar nâch diu künegîn dô phlac,
si dâhte an sîne arbeit
und an sîn siuftebærez leit
und an sîn ungevüege vlust.
sîn houbet si im ûf ir winster brust
25 legete: ûf ir herzen er entslief.
mit andæhte si dô rief
hin zir schephære alsus:
  'ich weiz wol, Altissimus,
daz dû got der hœste bist
30 vil stæte âne allen valschen list
101 unt daz dîn wâriu trînitât
vil tugenthafter bermde hât.
sît daz wir nû zerbarmen sîn,
ich und der geselle mîn,
5 und daz wir vriunde hân verlorn,
die dû dir selbe hâs erkorn
in der engel gesellekeit,
swer nâch solher helfe streit
ûf Alischanz in dînem namen,
10 sich mac dîn gotheit wol schamen,
ob wirs niht werden ergetzet,
daz wir nû sîn geletzet
aller werltlîcher wünne,
dirre man an sînem künne
15 und die mir wâren undertân.
nû lerne ich, des ich nie began,
eins jæmerlîches trôstes gern:
des müeze mich dîn güete wern,
daz sich kürze nû mîn leben,
20 sît mir mîn vater hât gegeben
sus ungevüege râche.
zwuo und sibenzec sprâche,
der man al der diete giht,
die enmöhten gar volsprechen niht
25 mîniu vlüstebæren sêr,
ich enhabe der vlüste dannoch mêr.

ei Vîvîanz, bêâs âmîs,
dînen durchliuhtegen hôhen prîs,
wie den dîn werlt beginnet klagen!
30 wie mohte der tôt an dir betagen?

102   dû bist benamen der eine,
den ich vor ûz sô meine,
daz ich emphâhe nimmer nôt
der gelîch, die mir dîn tôt
5 wil künfteclîchen werben.
wan müeste ich vür dich sterben
und ouch vür ander vriunde mîn,
die gein den heiden tâten schîn
manege ritterlîche tât!
10 daz der darbet und mangel hât
mîn klagender vriunt ûz erkorn!
ei waz ich hôhes vundes hân verlorn!
maneges heldes triuwe, die ich vant,
dô ich der Arâboise lant
15 und den künec und des kint verliez
und der touf den ungelouben stiez
von mir und daz ich kristen wart.
nû hât mîns vater nâchvart
mir disiu herzesêr getân.
20 daz müeste Tîbalt hân verlân.'
    ir herzen ursprinc was sô grôz,
durch diu ougen ûf ir brüste vlôz
an smarcgrâven wange
vil wazzers: niht ze lange
25 er lac, unz daz ez in wacte.
vor schanden gar der nacte
und der hôhen vreude ein weise,
Willehalm der kurteise
gap der künegîn guoten trôst
30 und jach, si würde wol erlôst.

103   'got ist helfe wol geslaht:
der hât mich dicke ûz angest brâht.
hilft mir nû sîn geleite
durchz her âne arbeite,
5 sô kum ich schiere wider ze dir.

vrouwe, nû soltû sagen mir
belîbens oder rîtens rât:
dîn gebot ietwederz hât.'
Gîburc sprach: 'dîn eines hant
10 mac von al der heiden lant
den liuten niht gestrîten:
dû muost nâch helfe rîten.
von Rôme rois Lôîs
und dîne mâge suln ir prîs
15 an dir nû lâzen schînen.
ich belîbe in disen pînen
sô, daz ich halde wol ze wer
Ôransche vor der heiden her
unz an der Franzoisære komen
20 oder daz ich hân den tôt genomen,
ob noch græzer wære ir maht.'
      der tac hete ende und was nû naht.
der markîs alrêst enbeiz
gâhes pitît mangeiz:
25 daz truogen juncvrouwen dar.
sîn harnas lac bî im gar:
snellîch er wart gewâpent drîn.
mit al der zimierde sîn
unlange er danne vürbaz gienc,
30 unz in diu künegîn ummevienc.
104   Gîburc sprach: 'herre markîs,
lâz dînen erwelten hôhen prîs
an mir nû wesen stæte,
daz dû durch niemens ræte
5 wenkes an mir armen,
und lâz mich dir erbarmen.
denke an dîne werdekeit.
ich weiz wol, daz dir wære bereit
in Francrîche manec wîp,
10 sô daz si ir êre und ir lîp
mit minne an dich wande:
ob danne dîn güete erkande,
waz ich durch dich hân erliten,
der wer würde an mich gebiten.

15 ob die klâren Franzoisinne
   dir nâch dienest bieten minne,
   daz si dich wellen ergetzen mîn,
   sô denke an die triuwe dîn.
   und ob dir iemen gebe untrôst,
20 daz ich nimmer werde erlôst,
   den lâz von dir rîten:
   vüere, die getürren strîten,
   und denke, waz ich durch dich liez,
   daz man mich zArâbîe hiez
25 al der vürsten vrouwe.
   dennoch was ich in der schouwe,
   daz man mir klârheite jach,
   vriunt und vîent, swer mich sach.
   dû möhtes mich noch wol lîden,
30 und solde uns kummer mîden.'

105   er gap des fîanze,
   daz diu jâmers lanze
   sîn herze immer twünge,
   unz im sô wol gelünge,
5 daz er si dâ erlôste
   mit manlîchem trôste,
   und lobete ir dennoch vürbaz,
   daz er durch liebe noch durch haz
   nimmer niht verzerte
10 von spîse, diu in nerte,
   niht wan wazzer unde brôt,
   ê daz er ir bekanden nôt
   mit swertes strîte erwande.
   alsus in von ir sande
15 Gîburc diu künegîn.
   dar wart gezogen Volatîn:
   al weinde wart er ûz verlân,
   diu porte sanfte ûf getân.
   nû was diu schiltwache
20 alum daz her mit krache
   mit maneger sunderstorje grôz.
   der markîs anderstunt genôz
   Arofels wâpen, diu er truoc.

des hers im widerreit genuoc.
25 si sprâchen her unde dâ:
'diz ist der künec von Persîâ.'
in nerte ouch, daz er heidensch sprach.
unverzaget er marcte und sach
eine strâze, die er erkande,
30 gein der Franzoisære lande.

———

III.

106   Daz her vür Ôransche phlac
komens unz an den vünften tac:
dennoch vuoren si allez dar.
manec siuftebæriu schar,
5 den herren und mâge wâren belegen
tôt, die muosten jâmers phlegen.
si jâhen, Apolle und Tervigant
und Mahmete wæren geschant
an ir gotlîchem prîse.
10 Terramêr der wîse
dicke vrâcte mære,
wiez dâ ergangen wære:
daz mohte er eine niht gar gesehen,
waz dâ wunders was geschehen
15 an den hôhen rîchen werden.
gevohten ûf der erden
wart nie sô schadehafter strît
sît her von anegenges zît.
    Arofel von Persîâ
20 in maneger zungen sprâche aldâ
wart geklaget, ouch Tesereiz,
Pînel und Poufameiz
und der milte Noupatrîs,
Eskelabôn, der manegen prîs
25 bezalte durch wîbe lôn.
    von **Boctân** rois Talimôn
wart mit den andern ouch geklaget.
Turpîûn der unverzaget,
der rîche von Falturmiê,

30 des tôt der heidenschaft tet wê.
107 dô si den schaden gewisten
und mit der wârheit misten
drîer und zweinzec künege, die dâ tôt
wâren belegen, Terramêres nôt
5 phlac dô deheiner vîre.
amazûre und eskelîre
und emerâle ungezalt,
der lac sô vil dâ tôt gevalt,
daz ez âne prüeven gar beleip.
10 diu vlust dô Terramêren treip
in sô herzebære klage,
es wære erstorben lîhte ein zage.
dô sprach er trûreclîche:
'swer giht, daz ich sî rîche,
15 der hât mich unrehte erkant,
swie al der heidenschefte lant
mit dienste stên ze mînem gebote.
ich mac der kristenheite gote
alrêst nû grôzes wunders jehen:
20 solh wunder ist an mir geschehen,
daz ein hant vol ritter mich
hât nâch entworht durch den gerich,
daz ich den ungelouben rach,
den man von mînem kinde sprach,
25 Arâbeln, diu Tîbalde entvuor.
ûf mînen goten ich dô swuor,
daz ich den goten ir êre
sô geræche, daz nimmer mêre
dehein mîn kint gezæme,
30 daz ez den touf genæme
108 durch Jêsum, der selbe truoc
ein kriuze, dâ man in ane sluoc
mit drîn nageln durch sîn verh.
mîn geloube stüende entwerh.
5 ob ich geloupte, daz der starp
und in dem tôde leben erwarp
und daz sîn eines wæren drî.
ist mir mîn alt geloube bî,

sô wæne ich, daz sîn trinitât
10 an mir deheine volge hât.
er mac wol guote ritter hân:
des engalt mîn veter Bâligân,
der mit dem keiser Karle vaht,
dô al der heidenschefte maht
15 von dem enschumfieret wart.
vür wâr nûst mîn hervart
krefteger und wîter brâht.
ich wil und hân mir des erdâht,
daz ich manege unkunde nôt
20 Arâbeln gebe und smæhen tôt,
des Jêsus gunêret sî:
der wille ist mînem herzen bî.'
    die zem êrsten kômen und ouch sider,
    die wolden Ôransche nider
25 mit sturme dicke brechen,
herren und mâge rechen
an Gîburge der künegin.
si heten werlîchen sin,
die der stete dort inne phlâgen.
30 swie zornec die ûzern lâgen,
109   der markîs ist durch si komen
âne schaden. nû wirt vernomen
alrêst, wiez um triuwe vert.
bon âventiure in hete ernert
5 und ouch Gîburge sælekeit.
beide er beleip unde reit:
in selben hin truoc Volatîn,
Gîburc behielt daz herze sîn.
ouch vuor ir herze ûf allen wegen
10 mit im: wer sol Ôransche phlegen?
der wehsel rehte was gevrumt:
ir herze hin ze vriunden kumt,
sîn herze sol sich vînden wern,
Gîburge vor untrôste nern.
15 nû solde ir herze senfte hân:
dô was in beiden trûren lân.
    Gîburc Ôransche und ouch ir leben

ir vater sô niht wolde geben,
daz er si selben tôte
20 und drabe die kristen nôte
den ungelouben mêren.
er bôt ir driu dinc zêren,
daz si der einez næme mit der wal:
daz si in dem mer viele ze tal,
25 um ir kel einen swæren stein,
oder daz ir vleisch und ir bein
ze pulver würden gar verbrant
oder daz si Tîbaldes hant
solde hâhen an einen ast.
30 si sprach: 'der wol gezogen gast
110   erbôt ie zuht der wirtin.
war tuostû, vater, dînen sin,
daz dû mir teiles solhiu spil,
der ich niht kan noch enwil?
5 ich mac wol bezzer schanze weln.
mir suln die Franzoisære zeln:
die enlâzent mir niht übersagen.'
innen des begundez tagen:
diu rede ergienc bî einer naht
10 und wart sît anders volbrâht.
si vrâcten: 'wâst der markîs?'
si sprach: 'der hât durch sînen prîs
einen turnei genomen
und wil dâ her wider komen
15 schiere durch den willen mîn:
der sol vor disen porten sîn.
dâ mac man schouwen, wer daz velt
behabet durch der minne gelt.
er hât nû liute ein teil verlorn
20 und ist der schade noch unverkorn.
ir gunêrten Sarrazîne,
etlîche mâge mîne,
ir welt hie beiten grôzer nôt.
iu kumt der zwivalde tôt:
25 doch ir mir bietet tôde drî,
die zwêne sint iu nâhen bî,

dises kurzen lebens ende
und der sêle unledec gebende
vor iuwerm gote Tervigant,
30 der iuch vür tôren hât erkant.'
111   dô Terramêr vil rehte ersach,
daz deheines sturmes ungemach
Ôransche möhte ertwingen,
dô si niht wolden dingen,
5 dô hiez er würken antwerc.
ez wære tal oder berc,
alumme an allen sîten
er wolde die stat erstrîten.
drîboc und mangen,
10 ebenhœhe ûf siulen langen,
igel, katzen, pheterære,
swie vil ieslîches wære
ûf Gîburge schaden geworht,
daz hete si doch ze mâze ervorht.
15 nû lac alumme an der wer
almeistec tôt ir kleinez her.
eine kunst si dô gewan,
daz si ieslîchem tôten man
hiez helm ze houpte binden.
20 swaz man schilte mohte vinden,
si wæren niuwe oder alt,
dâ mit die zinne wurden bestalt.
die enwancten niht durch zageheit:
den selben was liep unde leit
25 iewederz al gelîche.
der markîs sorgen rîche,
swie balde er von Gîburge streich,
sîn gedanc ir nie gesweich:
der was ir zÔransche bî.
30 ob ich nû niht sô sinnec sî,
112   daz ich gesagen künne ir nôt,
sô lâtz iu erbarmen doch durch got.
ich enhân der zal niht vernomen,
wie maneges tages wære komen
5 zOrlens der markîs unverzaget.

sîn herberge ist mir gesaget,
daz er die schœnen stat vermeit
und eine smæhe gazzen reit
vor dem graben in ein hiuselîn,
10 aldâ sîn ors Volatîn
sich kûme ûf gerihte.
zem jâmer er sich phlihte.
im was al hôher muot gelegen:
des wolde er sus noch sô niht phlegen.
15 er schuof dem orse sîn gemach
und ouch dem wirte, daz der jach,
daz ez im nie gast sô wol erbôt.
niht wan wazzer unde brôt
im selben er ze spîse nam.
20 sîn vreude was an kreften lam.
    des morgens vruo huop er sich dan.
nû was ein gewaldec man
in der stat dâ vür bekant,
daz imz geleite was benant:
25 von dem künege hete er daz.
der wolde kêren sînen haz
ûf den markîs âne nôt.
der rehte gegenrede im bôt,
er sprach: 'ich bin wol zolles vrî.
30 mir gêt hie last noch soume bî:
113   ich bin ein ritter, als ir seht.
ob ir deheinen schaden speht,
den ich dem lande habe getân,
des sult ir mich engelten lân.
5 die sât ich bî den strâzen meit,
al der diete slâ ich reit:
diu solde der werlde gemeine sîn.
mir selben und dem orse mîn
hân ich vergolden unser nar.'
10 der rihtære und die sînen gar
heten in vaste ummehabet:
an allen sîten zuo gedrabet
diu komûne von der stât
kom, als si der rihtære bat.

15   der sprach, er müeste zollen
      mit alsô grôzem vollen,
      daz er des schaden emphünde.
      ez was iedoch ein sünde,
      daz man in niht rîten liez.
20 der rihtære die sînen hiez,
      daz si in næmen in den zoum.
      er sprach: 'diz ors deheinen soum
      treget wan mich und disen schilt.
      ez wirt ê an den ort gespilt.'
25 daz swert muoste et aber her vür.
      den zol ich an der næsten tür
      durch niemen gerne holte,
      den der rihtære dâ dolte:
      des houptes er dô kürzer wart.
30 des marcgrâven durchvart

114   emphienc vil manegen swertes swanc:
      ouch machte er rûm, dâ was gedranc.
      sus muoste er houwen durch die stat,
      liute und ors, alsolhen phat,
5 daz sîn strâze wart al wît.
      vaste hardierte in der strît:
      manec wunt man wider von im vlôch.
      die sturmglocke man dô zôch.
      des solde diu stat laster hân,
10 daz si gein dem einen man
      des gerüeftes sich enbarten.
      mit rotte si sich scharten.
      nû was ouch er ze velde komen:
      des wart sît schade von im vernomen.
15   si zogeten nâch ûf sîner slâ,
      dise hie, die andern dâ:
      er staphte in sanfte unvlühtec vor.
      unz wider gegen dem bürgetor
      tet si sîn umme kêren:
20 des begunde ir schade sich mêren.
      wider wart geworfen Volatîn:
      Munschoie der krîe sîn
      wart mit ruofe niht geswigen.

schiere der poinder was gedigen
25 unz wider gein der porten:
si vluhen an al den orten.
hete er sünde niht ervorht,
dâ wære von im der schade geworht,
des den werlîchen ie gezam.
30 einem er eine lanzen nam:
115 sîn strît begunde in leiden.
wider in die scheiden
daz swert wart gestecket.
in die stat getrecket
5 wart dâ von al der komûn.
dô zogete er ûz gein Munlêûn.
    Arnalt fîz cuns de Naribôn
erhôrte den jæmerlîchen dôn,
den man in al den gazzen rief.
10 dennoch lac er unde slief.
er wacte, die vor im lâgen,
vil ritter, die dennoch phlâgen
mit slâfe gemach, ieslîches lîp.
nû kom des rihtæres wîp:
15 ûf den teppech viel diu vür in nider,
dâ nâch klagete si im sider
des küneges laster und ir nôt,
ir man der wære belegen tôt
'von einem, der âne geleite vert:
20 der hât sich al der diet erwert,
daz er ist ungevangen hin.
ouwê jæmerlîch gewin,
den uns sîn zol hât lâzen
von srœmeschen küneges strâzen!'
25   zer vrouwen sprach cuns Arnalt:
'wer mac daz sîn, der mit gewalt
iu den schaden hât getân?
vrouwe, ist ez ein koufman,
sô möhte er wol geleites gern
30 und dar um sîner miete wern:
116 dem koufschaz ist der zol gezilt.'
si jâhen: 'er vuorte einen schilt,'

die mit der vrouwen kômen dar.
'sîn harnas ist nâch roste var:
5 doch wart an ritter nie bekant
über al der Franzoisære lant
wâpenroc sô kostlîch,
des blic der sunnen ist gelîch.
als ist der schilt undz kursît.
10 Munschoie wart geschrît,
dô er uns vlühtec wider în
tet: daz was diu krîe sîn.'
    der grâve sprach: 'gunêrten,
ir alle, die daz lêrten,
15 daz ir vür die koufman
deheinen ritter soldet hân!
waz zolles solde ein ritter geben?
hete er iu allen iuwer leben
genomen, daz solde ich wênec klagen.
20 ich muoz in durch den künec jagen,
bî dem mîn swester krône treget.'
harnas wart balde an in geleget.
von al den sînen wart vernomen,
die werden müesten zorsen komen,
25 ritter, sarjande.
si wolden zeinem phande
den marcgrâven dâ behaben:
solden sichs die wunden laben,
daz er in wider sande,
30 deheinen durst daz wande.
117   Arnalt sprach: 'herre, swer daz sî,
dem wont des küneges krîe bî,
dâ mit der keiser Karl vaht,
der si hât gerbet unde brâht
5 ûf sînen sun, derz rîche hât
und noch die krîe niemen lât
wan den, die sîner marke war
nement gein ander künege schar.
er wil sich uns dâ mite entsagen,
10 der wîse, den wir müezen jagen,
daz in diu krîe vriste.

     wil er mit solhem liste
     an uns hie prîs hân bezalt,
     er vliehe velt oder walt,
15 dar sul wir kêren ûf sîn spor.'
       Arnalt vuor dan den sînen vor.
     swer stap oder stangen truoc,
     zorse und ze vuoz was der genuoc,
     et al diu komunîe.
20 niht halp sô manegiu bîe
     möhten tœten einen starken bern.
     der vluht si kunde niht gewern
     von Provenze der markîs:
     ir jagen mohte in keinen wîs
25 an vlühtec schûften bringen.
     nû hôrte erz velt erklingen:
     an der selben stunde
     Arnalden von Gerunde
     der marcgrâve komen sach.
30 in sînem herzen er dô jach,

118   die rehten wæren ze velde komen.
     ouch hete sich Arnalt vür genomen
     wol vierzec poinder oder mêr:
     gein dem tet er widerkêr
5 mit kunstlîchem kalopeiz.
      ieweder sînen puneiz
     von rabîne nâher treip:
     enweder sper dâ ganz beleip.
     Arnaldes satel wüeste lac,
10 wande er von sînem bruoder phlac
     gevelles hinderz kastelân.
     daz was im selten ê getân:
     er hetes ouch dennoch wol enborn.
     dem marcgrâven was sô zorn,
15 daz er in gerne hete erslagen.
     dennoch der andern nâch jagen
     mit helfe im alze verre was.
     niht wan vrâgens er genas
     und daz der unverzagete
20 sich nande und rehte sagete:

'ich binz der grâve Arnalt.
wer ist, der mich hie hât gevalt?
der macs wol immer haben prîs.'
'Willehalm der markîs
25 bin ich' sprach er: 'bruoder mîn,
hie ensol niht mêr gestriten sîn.'
　　er vienc sîn ors und zôchz im dar.
Arnalt nam an der stimme war,
daz ez der marcgrâve was:
30 er zôch in nider ûf daz gras
119 und wolde in vil geküsset hân.
'bruoder, daz sol sîn verlân.'
sô sprach der getriuwe:
'ich lebe in solher riuwe,
5 daz mir senfter wære der tôt.
den rehten kus ich liez in nôt
an Gîburge ûf Ôransche nuo.
die wîle ir gêt solh angest zuo,
sô lâze ich mir niht werden kunt,
10 daz mannes oder wîbes munt
an den mînen rüere.
sô swære sorge ich vüere:
daz si mîn ors her getruoc,
dô hetez ungemach genuoc.
15 waz wunders kan mir got beschern!
hie muoste ich mich mîn selbes wern,
dô ich zer tjoste gein dir reit:
mit mir selbem ich dâ streit.'
　　Arnalt sprach: 'dû sages al wâr:
20 mîn lîp mîn selbes lîbe vâr
hât unbekant erzeiget.
mir was dîn kunft versweiget,
als ein bracke am seile.
man mac wol zeinem teile
25 unser zweier lîbe zeln.
swer zwei herze wolde weln,
der envünde niht wan einez hie:
mîn herze was dîn herze ie,
dîn herze sol mîn herze sîn.

30 ouwê herre bruoder mîn,
120   lâz hœren unde schouwen,
       mîner swester, mîner vrouwen,
       waz wirret Gîburge der süezen?
       mac mîn helfe daz gebüezen?
 5 daz hât si wol verschuldet her,
   daz ieslîch werder Franzois wer
   sînes dienstes zir gebote
   (man mac an ir gedienen gote
   und unsers landes êre),
10 und durch die überkêre,
   die si tet gein dem toufe.
   dû hâs mit tiurem koufe
   ir minne etswenne errungen.
   mîne mâge die jungen,
15 die si hât ûz den schaln erzogen
   und die Francrîche sint entvlogen,
   sint die bî ir in der nôt?'
   der markîs im nande tôt
   Mîlen unde Vîvîanz
20 und wie der buhurt ûf Alischanz
   sich beide huop unde schiet
   und waz dô Terramêr geriet,
   daz Ôransche wart ummelegen,
   und waz er angest muoste phlegen,
25 ê daz er durch si dan gereit.
      diz bekande herzeleit
   und disiu jæmerlîchen dinc
   zucten sherzen ursprinc
   Arnalde ûf durch diu ougen sîn.
30 er sprach: 'ouwê der mâge mîn,
121   die mir tôt sint gevalt!
       wer hât dem künec Tîbalt
       sô kreftec her her über brâht?
       oder wie hâstû des gedâht,
 5 daz wir Gîburge ze helfe komen,
   sît wir den schaden hân genomen,
   daz unser vlust niht wahse baz?
   al den ich dienstes nie vergaz,

die werdent drumme nû gemant.
10 al unser art wære geschant,
   ob Gîburc würde entvüeret dir.
   dîn samenunge nenne mir
   und rît mit mînem râte
   nâch starker helfe drâte:
15 al dîne vlust den vürsten klage.
   von hiute an dem dritten tage
   ein hof ze Munlêûn ist geleget,
   der al die Franzoisære weget:
   dar kumt ein verriu zuovart.
20 Heimrîch und Irmschart,
   diu zwei, von den wir sîn erborn,
   die hât der künec dâ erkorn
   zêren den hôchgezîten sîn.
   ouch suln vier bruoder mîn
25 mit unser muoter komen dar.
   ich wæne, daz die grœsten schar
   Heimrîch mîn vater bringe.
   nû gihs vür hôch gelinge:
   dû vindes vil der vürsten dâ.
30 swâ mir benennet wirt dîn slâ,
122 dâ rîte ich vor oder nâch.
    nû lâ dir von mir niht sîn sô gâch,
    dû enrîtes mit mir wider în,
    pnd ziuch von dir daz harnas dîn.
5 lâz dich baden und kleiden.'
       'wir müezen unsich scheiden'
    sprach der marcgrâve dô:
    'möhte ich immer werden vrô,
    sô vreute ich mich der hôchgezît.
10 waz ob mir urlœsunge gît,
   der alle vlust erkennet
   und der hœste ist benennet?
   der neme mîn dâ mit günste war.
   kumt mîn vrouwe diu künegîn dar,
15 des möhte ich helfe emphâhen.
   ir sol daz niht versmâhen,
   si enmane den künec umme mich:

den site hieze ich 'swesterlich.
sol mîner mâge dar iht komen,
20 die erbarmet vlust, die ich hân genomen.
und mîne bruoder, die dâ sint
(ich bin ouch Heimrîches kint),
wellent die mit triuwen sîn,
sô erbarmet si mîn scharpher pîn
25 und mîniu dürren herzesêr.
mir begruonet vreude nimmer mêr.
ze Heimrîch und zIrmschart
und zander mîner getriuwen art,
ûf genâde wil ich hin zin.
30 got gebe an helfe mir gewin.
123 bruoder, lâ dir bevolhen wesen,
wirp sô, daz Gîburc müge genesen:
al dîne vriunt dar umme mane.'
sus schiet der marcgrâve dane.
5 Arnalt reit al weinde wider
niht dar umme, daz er nider
was gevellet mit der tjost:
der jâmer mit sô hôher kost
begunde im sîne vreude zern,
10 sich möhtes ein keiser niht erwern.
sîner werden mâge tôt
vrumte im die herzebæren nôt.
al, die nâch Arnalde
vuoren, die gâhten balde,
15 dort ein storje, diu ander hie.
zuo zim gesamenten sich die:
er liez ir keinen vürbaz komen.
dennoch heten si unvernomen,
wen si jageten, dirre und der,
20 dô durch des grâven schilt ein sper
was wider von der tjoste brâht.
si vrâcten: 'wes habet ir gedâht?
uns sol der man entrîten.
welt ir niht mit im strîten,
25 wan lât ir in uns doch vürbaz jagen?'
Arnalt begunde in rehte sagen:

'ez ist Willehalm der markîs.
ich engestate des niht deheinen wîs,
daz er erslagen werde
30 ûf Franzoisære erde.

124   er ist uns doch niht gar ein gast,
swie der zuht an im gebrast
den burgæren von Orlens.
tumpheit, waz dû si schaden wens,
5 die wellent ze dînem gebote sîn!
waz zolles solde der bruoder mîn
geben als ein koufman?
swer ritterschaft gespehen kan,
der möhte in zolles lâzen vrî.'

10   die dem grâven hielden bî,
die marcten, daz er weinde:
si vrâcten, waz er meinde,
dar um er wære sô unvrô.
Arnalt sagete in rehte dô,
15 daz im die Sarrazîne
drîzehene der mâge sîne
gevangen heten und erslagen.
'nû erloubet, daz ich müeze klagen:
die vürsten alle wâren
20 almeistec von den jâren,
daz ir neheiner gran noch truoc.
mîn bruoder ungemach genuoc
hete âne unsich erworben.
sîne man sint erstorben,
25 dar zuo sîn wîp besezzen ist:
des enweiz er niht, wie lange vrist
sich Ôransche müge erwern
oder welhes trôstes si sich nern.
ez stêt gar an der hœsten hant.'
30 vil boten wart von im gesant:

125   die strichen naht unde tac
hin zin, an den sîn dienest lac:
er mande mâge unde man.
    ouch streich der marcgrâve dan:
5 gein dem âbende er ein klôster vant.

er was den münchen unbekant:
doch phlâgen si sîn schône.
dâ ze Samargône
in der houbetstat ze Persîâ,
10 sîn schilt was geworht aldâ:
des buckel was armtiete vrî.
Adramahût und Arâbî,
die rîchen stete in Môrlant,
solhe phelle sint in unbekant
15 als sîn wâpenroc mit steinen klâr,
drûf verwieret her und dar,
daz man des tiuren phelles mâl
dâ durch wol kôs al sunder twâl:
als was ouch drobe daz kursit.
20 Kristjâns einen alden dimît
im hât ze Munlêûn an geleget,
dâ mit er sîne tumpheit reget,
swer sprichet sô nâch wâne.
er nam dem Persâne
25 Arofel, der vor im lac tôt,
daz vriundîn vriunde nie gebôt
sô spæher zimierde vlîz,
wan die der künec Feirefîz
von Sekundillen durch minne emphienc:
30 diu kost vür alle koste gienc.
126   grôz müede hete in dar zuo brâht:
den halben tac, die ganzen naht
in dem klôster er beleip.
sîn unmuoze in vürbaz treip:
5 des bîtens hete in doch bevilt.
aldâ bevalh er sînen schilt
und reit er gein Munlêûn.
manec Franzois und Bertûn
und vil der Engeloise
10 und der werden Burgunjoise
zer hôchgezît kômen dar:
ich mac si iu niht benennen gar.
dâ was von tiuschem lande
Vlæminge und Brâbande

15 und der herzoge von Loherein.
der marcgrâve wart enein,
dâ wære von storje solh gedranc,
daz des müeste werden lanc,
ê daz ein vrumer wirt in în
20 næme: daz werben liez er sîn,
ûf des küneges hof er reit.
    nâch sînem zoume niemen streit,
daz er daz ors emphienge.
er rite oder gienge,
25 si wæren zorse oder ze vuoz,
dâ bôt im niemen keinen gruoz.
er sach dâ volkes ungezalt,
kleine, grôz, junc und alt:
die begunden in alle vêhen.
30 er enwolde ouch in niht vlêhen,
127   den alden noch den kinden:
zeinem ölboum und zeiner linden
er kêrte. die ê dâ lâgen
und sâzen, gar die phlâgen,
 5 daz si im den schate al eine
liezen: niht gemeine
wolden si mit im dâ hân.
im wart ein solh rûm getân,
daz al wît wart sîn stat:
10 deheinen er ouch sitzen bat.
    er nam den zoum in eine hant,
den tiuren helm von im er bant
und sturzte in zuo zim ûf daz gras.
swaz al der massenîe was,
15 die begunden an in schouwen,
in den venstern ouch die vrouwen,
wande im daz harnas wonte mite.
si jâhen, ez wære ein vremder site,
daz er wâpen solde tragen,
20 si enhôrten denne al êrste sagen,
daz ein turnei wære genomen:
swelh ritter dâ hin wolde komen,
der möhtez wol legen ûf einen soum.

der markîs et sînen zoum
25 hete in der hende, aldâ er saz.
er begunde sich entwâpen baz
von dem herseniere,
daz zôch er von im schiere:
dô was sîn vel nâch râme var,
30 bart nnd hâr verworren gar.

128   vor dem künege man dô sagete,
daz im doch niht behagete,
daz erbeizet wære ein man
von einem schœnen kastelân
5 zem ölboum und zer linden.
'erdenken noch ervinden
mac unser keiner, wer daz sî.
rostec harnas wont im bî,
er siht ouch wiltlîche.
10 tiure unde rîche
ist, swaz er ob dem îser hât:
sô liehtiu wâpenlîchiu wât
wart ougen nie bekennet.
die phelle unbenennet
15 sint al der kristenheite.
ein heidensch gereite
liget ûf dem râvîte.
er zæme in einem strîte
michel baz denne an den tanz.
20 ouch ist im ninder alsô glanz
sîn bart, sîn vel noch sîn hâr,
daz man in dürfe nennen klâr.
er vert ûz einem strîte her.
ouch nimt uns wunder, wes er ger,
25 daz er sô kamphlîche ist komen.
wir heten gerne daz vernomen,
wiez um den ritter stüende,
sît wir sîn keine künde
haben noch nie gewunnen.
30 ein ebenhiuze der sunnen

129   ist der wâpenroc undz kursît:
ieweders blic en widerstrît

hât sô kostebæren glast.
erst der **Franzoisære gast**:
5 von swelhem lande er strîche,
er tuot wol dem gelîche,
daz unbekennet ist sîn lîp.'
    dô sprach der künec und des wîp:
'gê wir unde schouwen dar
10 zen venstern unde nemen des war,
waz er werbe oder waz er meine,
sît er gewâpent eine
ûf srîches hof sus ist geriten.'
ein wolf mit alsô kiuschen siten
15 in die schâfes stîge siht,
des mir diu âventiure giht,
als dô der marcgrâve sach.
diu künegîn zem künege sprach:
'den wir vor uns dort sitzen sehen,
20 mich dunket, herre, ich müge wol jehen,
ez sî mîn bruoder Willehalm.
der manegen jæmerlîchen galm
hât al den Franzeisen
gevrumt mit sînen reisen,
25 nû wil er aber ein niuwez her,
daz gein den heiden sî ze wer
vür Gîburge minne.
ungerne wesse ich in hinne.
iuwer deheiner kom hin vür
30 und sliezet vaste zuo die tür,

130   ob er ûzen klophe dran,
daz man in wîse iedoch hin dan.'
    daz si gebôt, daz was getân.
der markîs, der trûrege man,
5 hete etz ors in sîner hant.
dennoch was er unbekant
von manegen, die dâ wâren.
dâ kunde er zuo gebâren,
als erz billîchen dolde,
10 daz ir deheiner wolde
im bieten êre noch gemach.

manege storje er komen sach
ûf den hof und wider drabe:
nâch sîner grôzen ungehabe
15 im niemen vriuntlîch trœsten bôt,
der næme phlihte sîner nôt.
    dô kom ein koufman von der stat,
der in vil zühteclîchen bat
durch aller koufliute êre
20 mit im der dannenkêre:
'ir habet doch ungemach erliten,
von swelhem lande ir sît geriten.
iuch solden ritter grüezen baz:
sît ieslîcher des vergaz,
25 der iuch sus eine hât gesehen,
nû lât den trôst an mir geschehen,
daz ich iuch dienstes müeze wern.
herre, ich sol mit hulden gern,
daz ir mir hœhet mîniu jâr.'
30 der koufman hiez Wîmâr:

131   der was von ritters art erborn.
er sprach: 'mich dunket unverlorn,
swaz ich iu zêren biute:
gewert ir mich des hiute,
5 her nâch giht ieslîch mîn genôz,
daz mîn prîs sî worden grôz.'
    der marcgrâve sprach alsô:
'des ir gert, des bin ich vrô
und solz geschulden, swenne ich mac,
10 sît mîn niemen vor dem künege phlac,
marschalc noch ander man.
die hânt des hoves unprîs getân,
daz ich beleip sus wîslôs,
ê daz mich iuwer güete erkôs
15 mit gruoze vor in allen.
ez muoz mir missevallen:
ich hân der manegen hie bekant,
die vil gerne mîner hant
etswenne durch mîn gâbe nigen
20 und mich nû grüezen hânt verswigen.

nû gêt ir vor, ich gên iu nâch.'
der koufman mit zühten sprach:
'ir sult rîten, ich sol gên.
ich wolde ê wochen lanc hie stên.'
25　dô sprach des marcgrâven munt:
'mir wære gesellekeit unkunt,
soldet ir mîn garzûn sîn.
lât mich bî den zühten mîn:
ich gevolge iu wol ze vuoz,
30　gesellekeit ich leisten muoz.'

132　der koufman liez im niht den strît:
er muoste et ûf daz râvît
und mit im dannen rîten.
mit wem er wolde strîten,
5　des vrâcten si an der strâze.
der kinde was âne mâze,
die dem markîs zogeten nâch.
swer in alsô rîten sach,
der vlôch in in der gazze
10　und entweich vor sînem hazze.
　　ze hûse in brâhte Wîmâr.
aldâ wart er âne allen vâr
entwâpent schiere. ê daz geschach,
sô was dem orse sîn gemach
15　geschaffet vlîzeclîche.
phlûmîte und kulter rîche
ûf einen teppech hiez der wirt
legen, daz doch der gast verbirt,
daz er sô sanfte iht sæze.
20　er vorhte, daz er vergæze
Gîburge nôt, dâ si inne was.
er warp, daz man im bræhte ein gras,
'und lât mich walgen als ein rint.
ob ich ie wart muoter kint,
25　dô was diu werlt vol sorgen gar,
innen des mich diu gebar.
wirt, ich bin ein herre niht:
mîn vlust mir ander dinge giht.'
phlûmît, kultern, matraz,

30 úf der deheinez er dâ saz.

133 dem wirte tet sîn trûren wê.
al grüene gras und niuwer klê,
des wart dar vil under in getragen.
der wirt vil sêre begunde klagen,
5 daz erz niht senfter næme,
als müeden man gezæme,
daz er im willeclîchen bôt.
dem wirte was des gastes nôt
dennoch unbekennet,
10 diu im sider wart benennet.
    nû hete der wirt daz geboten,
daz was gebrâten und gesoten
vil niuwer spîse reine,
vische und vleisch gemeine,
15 beidiu daz wilde und daz zam.
der wirt die kost an sich sô nam,
soldez im lœsen sînen lîp,
sô enmöhte er selbe und ouch sîn wîp
des nimmer baz genemen war.
20 dô bereite man mit zühten dar
und rihte eine taveln kleine
dem marcgrâven eine.
dô der sîne hende getwuoc,
der wirt vür in mit zühten truoc
25 nâch koufmannes prîse
maneger slahte spîse
gesoten und gebrâten.
swelh armman sô berâten
wære, vür guot erz næme.
30 solh trinken daz gezæme

134 einem keiser ze bieten.
des wolde sich niht nieten
der markîs: daz was verlobet.
in dûhte, er hete dran getobet,
5 ob er iht æze mêr danne brôt
und wazzer trünke: er wolde et nôt
haben, unz im diu hœste hant
zÔransche erlôste liebez phant.

der phâwe vor im gebrâten stuont
10　mit salsen, diu dem wirte kunt
was, daz er bezzer nie gewan.
den kapûn, den vasân,
in galreiden die lamprîden,
pardrîse begunde er mîden.
15　　der wirt sprach: 'herre, disem lant,
wære dem bezzer spîse erkant,
der würdet ir schône von mir gewert.
saget mir, ob ir iht anders gert:
dâ lât mich balde werben nâch.'
20　der markîs siufte unde sprach:
'lieber wirt, ez stêt mir sô,
daz ich nimmer werde vrô
unz an den urteillîchen tac,
dâ diu gotes kraft wol vüegen mac,
25　daz mîn gelübede ein ende hât.
ob mir sîn trôst die vreude lât,
daz er mir dâ gelücke gît,
wirt, dar nâch ist denne zît,
daz ich sül guoter spîse leben.
30　ir endurft mir niht wan wazzer geben

135　　und brôtes, daz ich drîn gemer.
ziu noch ze niemen ich des ger,
daz ez gebezzert werde.
swaz wâges ûf der erde
5　lebet, daz wil ich mîden,
wande ich muoz kummer lîden,
unz ich hân bezzern trôst erkorn.
lieber wirt, ich hân verlorn
hôhe mâge und werde man:
10　dar zuo hân ich in angest lân
ein wîp, der dort mîn herze ist bî:
mîn lîp ist hie vor vreuden vrî.
nû envrâct niht mêre und lâtz et sîn.
iuwer güete ist an mir worden schîn:
15　des wirt gehœhet noch iuwer prîs.
von Provenze der markîs
Willehalm bin ich genant:

getrage ich immer gebende hant,
iu wirt vergolden disiu nar,
20 swie swach ich hînte bî iu var.'
    der wirt sprach: 'herre, wol mich wart,
daz iuwer her komendiu vart
in mîn hûs ist gedigen.
die iuch hie grüezen hânt verswigen,
25 des mugen die werden sich wol schemen.
ir sult in iuwer genâde nemen
mîn armez dienst mit triuwen.
iuwer kummer sol mich riuwen,
unz ir an vreuden habet gewin,
30 ob ich hân toufbæren sin.'
136 der wirt wol hôrte unde sach,
daz er von trûren ungemach
dennoch phlac und hete erliten:
er enwolde in dô niht vürbaz biten
5 deheiner bezzern spîse leben.
er begunde im hertiu wastel geben
und trinken, des diu nahtegal
lebet, dâ von ir süezer schal
ist werder, danne ob si al den wîn
10 trünke, der mac ze Bôtzen sîn.
    der spîse wart ein teil verzert
und senftez betten gar erwert.
der markîs sich ûf ein gras
legete, daz im ê komen was.
15 der wirt nam urloup: der vuor dan
und liez den siufzebæren man
ligen trûreclîche.
wart er ie vreuden rîche,
daz was im worden gar ein troum:
20 sîn herze truoc den jâmers soum.
der marcgrâve dâhte dô:
'sît mir mîn dinc ist komen sô,
daz al die besten hie hânt lân
und ir selber unprîs getân,
25 daz ir neheiner mir sprach zuo,
gelebe ich unz morgen vruo,

ich sol in vüegen solhe klage,
daz si immer mêr von dem tage
dâ nâch ze sprechen hânt genuoc,
30 kint, diu noch muoter nie getruoc.'

137   in zorne er âne slâfen lac,
unz ûf in schein der liehte tac.
sîn harnas lac bî im gar
und Arofels swert daz lieht gevar.
5 er schuohte die îserhosen an.
dô kom sîn wirt, der koufman:
er vrâcte in, waz er wolde tuon.
dô sprach Heimrîches sun:
'nû seht, ich wâpen disiu bein:
10 ich bin ouch worden des enein,
daz ich diz harnas an wil legen,
ob ich vor stichen oder vor slegen
deste baz iht müge genesen.
solde ich in dirre smæhe wesen,
15 dar zuo dunke ich mich ze wert.
mir wære diz und elliu swert
unmære um mich gebunden,
ob mich liezen unde vunden
in spotte die Franzoisære gar.'
20   er bat den wirt nemen war,
wiez harnas hinden stüende:
vorn hete ers selbe künde.
der wirt sprach: 'herre, ez stêt wol.
mirst leit, daz ich iuch sehen sol
25 sliefen in solh arbeit:
mirst iuwer ungemach vil leit.
ob ir des gert, ich hân gewant,
daz al der Franzoisære lant
niht mac erziugen bezzer wât,
30 denne iu mîn hant ze gebene hât.'

138   der markîs zem wirte sprach:
'ich gihe noch, des ich nehten jach.
ir habet mir gunst erzeiget:
ist mîn leben ungeveiget,
5 mîn danc belîbet ungespart.

durch küneges swarte ûf sînen bart
diz swert sol durchverte gern:
des wil ich in vor den vürsten wern.
ich hân von im smæhe und spot
10 nâch mîner vlustbæren nôt.
ich mac iu einem daz wol sagen.'
der wirt begunde alsô verzagen,
daz er bî im nider seic
und der gegenrede gar gesweic.
15 der markîs zem orse sîn
gienc: nû was ouch Volatîn
gesatelt und erstrichen wol.
'dirre herberge ich danken sol,'
sprach der markîs, 'kumt ez sô.'
20 ûf daz ors saz er dô
und reit hin wider alzehant,
dâ in der wirt des âbents vant.
    nû hete der tac sich hôhe erhaben.
staphen, zelten unde draben
25 ûf den hof begunde vil der diet.
ungedult dem markîs riet,
daz er stricte sorses zoum
vaste an einen ast von ölboum.
dô wolde er nâch den andern gên,
30 durch bâgen vür den künec stên.
139   nû dâhte er: 'sihe ich disen zagen,
den künec, wirt er von mir erslagen,
kan mich sîn volc vor tôde sparn,
die vürsten suln mir doch entvarn.
5 waz ob sich krenket al mîn werben?
diu helfe muoz verderben,
als ich Gîburge enthiez,
die ich in grôzer angest liez.
ich wil mîns vater beiten
10 mit zwîvels arbeiten:
die muoz ich haben unz an in.
hât er dan veterlîchen sin,
daz mac an mir wol werden schîn.
mir helfent ouch die bruoder mîn

15 und swaz ich werder mâge hân.'
   nû kom sîn wirt, der koufman:
der sleich vür in, aldâ er saz,
und huop sich inz gedrenge baz.
der sagete ûf dem palas,
20 wer dirre werde ritter was:
dô lief her abe die grêde
alde und junge bêde,
manec wert man, der mit vreude emphienc
den markîs, der gein in gienc
25 und alsus hin zin allen sprach:
'swer mich hie nehten sitzen sach,
der mîn gâbe emphangen hât,
ez was eins swachen muotes rât,
daz mich der liez al eine,
30 dem mîn helfe ie was gemeine.
140 trüegen mîne soume golt,
sô wæret ir mir alle holt,
samît, phelle und ander wât.
vil orse, diu mîn marke hât,
5 sæhet ir der manegez bî mir gên,
sô endörfte ich sitzen noch stên
ninder, ez enwære um mich gedranc.
der hof sol haben undanc,
swenne ein vürste alsô smæhen gruoz
10 von der massenîe emphâhen muoz.
ir wænt, daz ich verdorben sî:
nein, mirst ander wille bî.'
sîn wâpenroc, sîn kursît,
an den beiden kôs man strît:
15 die wâren verhouwen, etswâ verhurt.
sîn swert, daz um in was gegurt,
dem wasz gehilze guldîn:
sîn harnas gap nâch roste schîn.
dô sîn gezoc sô kleine
20 was, vil schiere al eine
er âne die ritter gar gestuont.
daz was im etswenne unkunt.
   der künec ûf den palas

kom, dâ manec vürste was.
25 der hete messe vernomen:
ouch was diu künegîn dar komen.
der markîs den andern nâch
gienc, unz er den künec sach
und sîne swester, sküneges wîp.
30 er truoc daz swert um sînen lîp.
141   sînes komens hêten haz
der künec und swer dâ vürsten saz:
ir neheiner was sô wol geborn,
si enwidersæzen sînen zorn.
5 der markîs an den stunden,
daz swert niht abe gebunden
ructe er vür sich in die schôz.
sîns sitzens dâ bî in verdrôz,
ich wæne, ir ieslîchen,
10 den armen und den rîchen.
etslîcher wunschte in sus von im,
ze Kânach oder zAssim,
in die hitze zAlamansurâ
oder wider ze Skandinâviâ
15 übervrorn in dem îse.
etslîch vürste wîse
wunschte im aber denne des,
daz er wære ze Katus Erkules.
sô wunschte in einer âne wer
20 ûf den wert inz lebermer,
der Pâlacker ist genant:
'sô enwürde er nimmer mêr bekant
deheinem Franzeise.
herverte und reise,
25 die gein Ôransche sint erbeten,
die hânt Francrîche erjeten
von der guoten ritterschaft.
ez enwart nie man sô künnehaft,
durch die wir dienen müezen.'
30 'nû enwil er niemen grüezen'
142   sprach einer: der enbekandes niht.
'lâ sîn: dîn ouge hiute ersiht,'

antwurte im aber dirre dô,
'des etslîch vürste wirt unvrô.
5 er hât gewunnen aber schaden:
sîn swert beginnet in bluote baden,
ê wir unsich hinnen scheiden.
nû sint im aber die heiden
geriten alze nâhen bî.
10 vermaldît Ôransche sî,
daz ir ie stein gemezzen wart.
man muoz im eine hervart
noch hiute swern oder loben
oder man siht in drumme toben.'
15 dô sprach aber ein Franzois:
'mîn herre solde im Virmendois
lîhen und Arrâz.
nû seht, wie wunderlîch gelâz
hât der küene starke!
20 mîn herre im sîne marke
alsus erstaten solde,
ob er ruowe haben wolde.
sîn gebærde ist unbescheidenlîch.'
     Irmschart und Heimrîch
25 dâ kômen mit grôzem gesinde:
vier vürsten, ir zweier kinde,
siben tûsent ritter oder mêr,
die vuorte der alde vürste hêr.
dâ wart von kamerære staben
30 vil kûme alsolher rûm erhaben,
143   daz diu alde vürstîn Irmschart
von Pavei ir vürvart
ûf dem palas gewan.
ir volcte manec werder man.
5 dô si în kom gegangen,
si wart mit kusse emphangen:
daz tet des ræmeschen küneges munt.
ir tohter an der selben stunt
si mit vreuden kuste:
10 ir komens si wol luste.
dô der künec sîne swiger

emphienc, zuo ir tohter nider
si saz. nû kom ouch Heimrîch,
der vürsten krefte wol gelîch:
15 ein barûn truoc vor im sîn swert,
im volcte manec ritter wert.
    der künec sîne zuht begienc,
er stuont ûf, dô er in emphienc,
und vuorte in selbe mit der hant,
20 dâ im vil schône wart bekant
der rœmeschen küneginne kus.
dar nâch der künec in sazte alsus,
nâhen an sîne sîten.
an den selben zîten
25 Heimrîches sünen vieren
von al den vürsten schiere
wart erboten werdeclîcher gruoz.
ieslîch vürste sitzen muoz:
als tâten die andern alle.
30 gein der hôchgezîte schalle

144   vil teppeche über al den palas
lac, dar ûf geworfen was
touwec rôsen hende dicke.
den wurden ir liehte blicke
5 zetreten: daz gap doch süezen wâz.
der marcgrâve dennoch saz,
als er zem êrsten dar was komen:
ir neheines gruoz hete er vernomen,
die dâ gruozbære wâren.
10 dâ kunde er zuo gebâren,
als ir schiere sult gehœren.
sîne zuht begunde er stœren,
der merken wolde sîniu wort,
diu er sprach vor dem künege dort.
15   al swîgende er gedâhte:
'sît Terramêr mir brâhte
mit vlust sô herzebæriu sêr,
sô bekande ich vreude nimmer mêr,
wan der mâze ich ir hie sihe.
20 mînem gelücke ich des gihe,

ez möhte noch ze grufte komen,
swie vil mir vreuden sî benomen.
hie sitzet mîn künne almeistec gar,
dar zuo ein wîp, diu mich gebar:
25 ich wæne, diu nimmêr sül verdagen
si enbeginne Heimrîche sagen,
daz ich sî ir beider kint.
mîne bruoder, die hie sint,
erhœrent die mîn riuwe,
30 si begênt an mir ir triuwe.'
145   er dâhte: 'ich wilz nû wâgen.'
dô stuont er ûf durch bâgen:
über manegen schreit er dan.
dô stuont der zornbære man
5 vür den künec und sprach alsô:
    'her künec, ir muget wol wesen vrô,
daz iu mîn vater sitzet bî.
nû wizzet, wæren iuwer eines drî,
die wæren ze phande mir gevarn:
10 daz wil ich nû durch zuht bewarn.
der segen über die engel gêt,
an swes arme diu hant stêt,
der teile ouch sînes segens swanc
über mînen vater alters blanc
15 und über die werden muoter mîn.
her künec, nû wænt ir kreftec sîn:
gap ich iu rœmesche krône
nâch alsô swachem lône,
als von iu gein mir ist bekant?
20 daz rîche stuont in mîner hant:
ir wâret der selbe, als ir noch sît,
dô ich gein al den vürsten strît
nam, die iuch bekanden
und ungerne ernanden,
25 daz si iuch ze herren in erkürn.
si vorhten, daz si an iu verlürn
ir werdekeit und ir prîs:
ich engestatte in niht deheinen wîs,
si enmüesten iuch ze herren nemen.

30 dô kunde lasters mich gezemen:

146   ouwê der missewende,
daz ich mîne hende
zwischen die iuwern ie gebôt!
dô genuzzet ir vil maneger nôt,
5 die ich durch iuwern vater leit,
maneges sturmes, die ich streit:
ich hân ouch vil durch iuch gestriten.
nû hân ich siben jâr gebiten,
daz ich vater noch muoter nie gesach
10 noch der deheinen, den man jach,
daz si mîne bruoder wæren.
ich kunde iuch wol beswæren:
durch mîne muoter lâze ichz gar.’
    sîner bruoder sprungen viere dar:
15 die begunden in schône emphâhen
und dicke ummevâhen,
swiez dem künege wære bî.
Bertram und Buov von Komarzî,
Schilbert und Bernart der flôrîs,
20 die manden in durch sînen prîs,
er solde zürnen mâzen.
si giengen wider und sâzen:
der marcgrâve dennoch stuont.
dô sprach des rœmeschen küneges munt:
25 ‘her Willehalm, sint irz sît,
sô dunket mich des gein iu zît,
daz ich bekenne iu vürsten reht:
wan sît ich was ein swacher kneht,
sô lebete ich iuwers râtes ie,
30 ouch liez mich iuwer helfe nie.

147   iuwer zorn ist âne nôt bekant
gein mir: ir wizzet, al mîn lant,
swes ir drinne gert, daz ist getân.
ich mac gâbe und lêhen hân:
5 daz kêrt mit vuoge an iuwern gewin.’
sîn swester sprach, diu künegin:
‘ouwê, wie wênec uns denne belibe!
sô wære ich diu êrste, die er vertribe.

mirst lieber, daz er warte her,
10 denne daz ich sîner genâde ger.'
    des wortes diu künegîn sêre engalt.
swaz er den künec ê geschalt,
des wart ir zehenstunt dô mêr
und jach, si wære gar ze hêr.
15 vor al den vürsten daz geschach,
die krône er ir von dem houpte brach
und warf si, daz diu gar zebrast.
dô begreif der zornbære gast
bî den zöphen die künegîn.
20 er wolde ir mit dem swerte sîn
daz houpt hân abe geswungen:
wan daz dar zwischen kom gedrungen
ir beider muoter Irmschart,
des wart ir leben dâ gespart.
25 vil kûme diu künegîn gewant
ir zöphe ûz sîner starken hant
und huop sich dannen drâte
in ir kemenâte.
dô si kom innerhalp der tür,
30 dô hiez si balde sliezen vür
148   einen îsenînen rigel starc:
dennoch vor vorhten si sich barc.
    dort ûze rois Lôîs
wære zEtampes oder ze Pârîs
5 oder zOrlens gewesen
oder, swâ er et möhte sîn genesen,
gerner denne dâ bî im.
'diz laster âne schult ich nim
von dem markîs. derst mîn man:
10 swaz ich dem hête getân,
der möhtez von mir den vürsten klagen.
liget mîn wîp von im erslagen,
daz ist ein ungedientiu nôt
gein solher rede, als ich im bôt
15 und der ich wolde sîn bereit.'
durch zuht, durch vorhte in allen leit
was unvuoge, diu dâ geschach.

      dort inne sküneges tohter sprach
      zir muoter: 'vrouwe, wie kumstû?
20 wem gevuor ie künegîn sô zuo?
      mînem vater, dem daz rîche
      dient, harte ungelîche
      kumstû sînem hôhen namen.
      dû springes sô, daz dir die lamen
25 möhten niht gevolgen.
      wer ist dir dûze erbolgen?
      si sprach: 'daz ist der œheim dîn.
      hilf mir hulde, liebe tohter mîn.'
      der vürste ûz Naribôn dô gienc
30 alrêst, dâ er sînen sun emphienc.
149   versagens urloup sô bater,
      dâ in Heimrîch sîn vater
      emphâhen und küssen wolde.
      er sprach, als er solde:
5   'min kus ûf Ôransche ist beliben:
      dâ hât mich Tîbalt von getriben.
      den rehten kus zÔransche ich liez,
      dô Terramêr die sîne hiez
      mir erzeigen grôzen zorn.
10 ich hân von sîner kraft verlorn,
      des ich immer unergetzet bin.
      ez entuo dîn manlîcher sin
      und dîn ûz erweltiu triuwe,
      sô muoz ich herzen riuwe
15 vil gâhes bringen an den tôt.
      ich liez Gîburge in solher nôt,
      mîn zwîvel giht, sol ichz gar sagen,
      daz mîne mâge an mir verzagen.
      nû hilf mir durch die stæten kraft
20 der dritten geselleschaft.
      ich meine, daz der vater bat
      den sun an sîn selbes stat:
      des was der geist ir beider wer.
      durch die drî namen ich ger,
25 daz dû dîne tugent bekennes
      und dir mich ze kinde nennes:

sô stêt dîn helfe âne wanc
mit trôste mîner vreude kranc.
nû verzage niht durch der heiden maht:
30 dû hâs prîs inz alter brâht.'

150   der vater sprach: 'wie stêt daz dir,
ob dû zwîvel hâs gein mir?
dînen kummer wil ich leiden
oder dâ von muoz mich scheiden
5 grôz überlesteclîchiu nôt
oder ein sô starc gebot,
daz die sêle von dem lîbe nimt.
dîner manheit missezimt,
ob dû zwîvel gein mir treges
10 und unser triuwe under leges.
gar dîne vlust und dîne klage
al balde ûf mîne helfe sage.
waz swerte drumme erklingen sol!
der hœsten hant getrûwe ich wol,
15 daz si drucke und ziehe mir den arm.
manec heidensch herze, diu noch warm
sint, diu werdent drumme kalt.
ob der werde künec Tîbalt
ûf dîner marke liget mit her,
20 man sol mich bî dir sehen ze wer.
wâ nû, die von mir sint erborn?
diz laster habet mit mir erkorn.
mîn sun ist gesuochet niht:
ich bin, der des lasters giht.
25 swaz im ze schaden ist getân,
des wil ich mit im phlihte hân.
sage an, kœme dû mit ritterschaft
an si? welh was der heiden kraft?
wie tetz mîn junc geslehte?'
30   der markîs sagete im rehte:

151   'ir hers mich bevilte.
der zende ûz zwispilte
am schâchzabel ieslîch velt
mit kardemôme, den zwigelt
5 mit dem prüeven wære gezalt,

Terramêr und Tîbalt
heten manegern ritter dâ
und Arofel von Persîâ
und Tesereiz, den ich ersluoc,
10 hete ouch ritter dâ genuoc.
mir wart erslagen ûf Alischanz
der geflôrierte Vîvîanz
und Mîle, mîner swester kint.
ob ir zweier mâge in vreuden sint,
15 die hânt vil untriuwe erkorn.
gevangen und sus verlorn
ich dannoch eilfe vürsten hân.
den heiden muoste ich sige lân,
dô Gautiers und Gaudîn,
20 Hûnas und Kibelîn,
Bertram und Gêrart,
Hûwes und Witschart
und ouch mîn neve Jozeranz
und der Burgunjois Gwigrimanz:
25 daz eilfte was Samsôn:
mit poinder maneger hurte dôn
und maneger niuwer storje komen
hât si im strîte mir benomen,
daz ich niht weiz der eilfer nôt.
30 Mîle und Vîvîanz sint tôt.'
152   drî starke karrâsche und ein wagen
möhtenz wazzer niht getragen,
daz von der ritter ougen wiel.
Heimrîch stuont kûme, daz er niht viel.
5 dâ wart an den stunden
manec klâre hant gewunden,
daz si begunden krachen.
von herzen vrœlîch lachen
durch Vîvîanzen wart verswigen:
10 sînen mâgen jâmer was gedigen.
dô sprach von Pavei Irmschart:
'wiest iuwer ellen sus bewart?
ir traget doch manlîchen lîp:
sult ir nû weinen sô diu wîp

15 oder als ein kint nâch dem ei?
waz touc helden solh geschrei?
welt ir manlîche leben,
sô müezet ir lîhen unde geben
und helfet dem, der zuns ist komen.
20 des vlust wir alle hân vernomen,
dâ habe wir mit im an verlorn.
die von Heimrîch sint erborn,
ob sîn künne ir prîs wil tuon,
sô wirt Willehalm mîn sun
25 ergetzet, swaz im wirret.
swen zageheit des irret,
der möhte sanfter wesen tôt.'
    dem marcgrâven zorn gebôt,
daz er dennoch sîne swester schalt,
30 diu etswâ unschulde engalt.

153   die minne veile hânt, diu wîp,
rœmescher küneginne lîp
wart dicke alsô benennet.
die namen hete ich bekennet,
 5 ob ich die wolde vor iu sagen:
nû muoz ich si durch zuht verdagen.
er schalt si et mêre denne genuoc.
ob er ie manheit getruoc
oder ob er ie gedâhte,
10 daz er sîn dienest brâhte
durch herzen gir in wîbe gebot,
ob er vreude oder nôt
ie emphienc durch wîbes minne,
sînem manlîchen sinne
15 was doch diu kiusche zuht betrogen.
ê wart nie ritter baz gezogen
und âne valsch sô kurtois.
er jach, Tîbalt der Arâbois
wære ir ritter manegen tac:
20 'dem werden künege ouch si wol mac
bieten êre mit minnen lône.
er hât si dicke schône
mit armen ummevangen.

daz ist noch mêr ergangen
25 ir man ze smæhe denne durch sie.
Tîbalde ich Gîburge nie
hete entvuort, wan daz ich rach,
daz unserm künege hie geschach.
swaz Tîbalt hie geborget hât,
30 Gîburc daz minnen gelt mir lât.'

154   dô kom des küneges tohter
Alîze. dô enmohter
sîne zuht niemêr gebrechen:
swaz er zornes kunde sprechen,
5 der wart vil gar durch si verswigen.
swes ir muoter was bezigen
von im, wærez dannoch ungetân,
ez wære ouch dâ nâch vürbaz lân.
    diu junge reine süeze klâr,
10 manege kurze scheiteln truoc ir hâr,
krisp unz in die swarten.
swer si rehte wolde warten,
si was selbe swankel als ein rîs,
geflôriert in manegen wîs.
15 mit spæhen borten kleine,
die verwiert wâren mit gesteine,
hete ieslîch triubel sîn sunderbant,
daz man niht ze vaste drumme want,
als ez ein krône wære.
20 Alîze diu sældenbære,
man möhte ûf eine wunden
ir kiusche hân gebunden,
dâ daz ungenande wære bî:
belibe diu niht vor schaden vrî,
25 si müeste engelten wunders.
einen gürtel brâht von Lunders,
wol geworht, lanc und smal,
des drum tet ûf die erden val,
diu rinke ein rubîn tiure,
30 dâ mit was diu gehiure
155   umvangen an der krenke.
noch baz, denne ichs gedenke,

lât si getubieret sîn.
si gap sô minneclîchen schîn,
5 des lihte ein vreuden siecher man
wider hôhen muot gewan.
ir brust ze nider noch ze hôch,
der werlde vîentschaft si vlôch.
ir lîp was wunsch des gernden
10 und ein trôst des vreuden wernden.
swem ir munt ein grüezen bôt,
der brâhte sælde unz an den tôt.
von der megede kom ein glast,
daz der heimlîche und der gast
15 mit gelîcher volge jâhen,
daz si nie gesâhen
deheine maget sô wol gevar.
    gein ir spranc snelleclîche dar
ir œheim Buov von Komarzî
20 und dennoch ander vürsten drî:
die machten rûm der klâren.
alle, die dâ wâren,
begunden alle gemeine jehen,
daz dem grôz sælde wœre geschehen,
25 swen dâ reichte ir ougen blickes swanc:
dem wart dar nâch sîn trûren kranc.
âne mantel in ir rocke gienc
diu maget, dô si mit zuht emphienc
ir œheim. dô daz geschach,
30 vor sînen vuozen man si sach.
156   sîn ougen begunden wallen,
dô er die maget sach vallen
nider an sîne vüeze.
    'engelden ichs niht müeze
5 wider got' sprach er hinz ir.
'wie kumstû, niftel, sus ze mir?
jâ wære dem künege Terramêr
dîn vuozvallen alze hêr.
dû bist des rœmeschen küneges kint:
10 swaz hie rœmescher vürsten sint,
die suln mich haben deste wirs.

niftel, nû gestate mirs,
daz ich in dînem gebote lebe:
dîn güete mir den rât nû gebe.

15 ob dû mich niht spottes wers,
sô stant ûf: swes dû an mich gers,
des wil ich dir ze hulden phlegen.
dû hâs mir werdekeit durchlegen.'
diu maget stuont ûf, er vienc si zim.

20 er sprach: 'mit urloube ich nim
dîn lieht antlitze in mîne hant.
mîn kus dir schiere wære bekant,
wan daz ich kusses enterbet bin.
mîn beste minneclîch gewin,

25 den hât mir Terramêres kraft
umlegen mit solher ritterschaft,
daz mir der kus nû wildet.
got hât dich sô gebildet,
dâ von der walt sich swenden muoz,

30 emphæht ein wert man dînen gruoz.'

157   sô si aller beste kunde,
Alîze ir rede begunde,
sô daz doch weinen was dâ bî.
dô sprach diu maget valscheite vrî:

5 'ouwê mir dîner werdekeit,
diu noch nie unprîs erleit!
wem liez diu kiuschlîche zuht?
nû war hât wîplîch êre vluht
wan hin zer mannes güete?

10 œheim, dîn gemüete
hât sich ze gar verkêret.
wer hât dich zorn gelêret
gein der tummen muoter mîn?
diu doch dîn swester solde sîn,

15 ob sich diu kan versprechen,
wiltû daz danne rechen,
dâ von sich krenket unser art,
dâ von sint beide unbewart
ir werdekeit und dîn prîs.

20 ob ich dich dunke nû sô wîs,

dû solt si mîn geniezen lân.
verkius, swaz si dir hât getân:
des lâz ein teil durch mich geschehen
alhie, daz ez die vürsten sehen.
25 der selben bete ich vürbaz mane
durch dîne muoter (diust mîn ane)
und durch Gîburge die vrouwen mîn,
diu mich als ir kindelîn
hât dicke an ir arm genomen.
30 diust mir leider nû ze verre komen.'

158   der markîs sprach: 'liebez kint,
in dîn gebot dich underwint
mîns lîbes, der hie vor dir stêt,
der ninder rîtet noch engêt,
5 unz ich mit dînen hulden var.
nimstû bekenneclîche war,
wie mîn dîn muoter hât gephlegen?
diu möhte sich wol hân bewegen,
des sich der künec gein mir bewac,
10 der mîn doch nie alsô gephlac,
als ez dem rîche zæme.
bin ich ir ungenæme,
doch möhte mîn wol werden rât,
wan daz si nû und dicke hât
15 mir sküneges helfe erwendet.
si wære des ungeschendet,
ob si jæhe: 'daz ist der bruoder mîn.'
ez enmugen niht allez künege sîn:
si solde der vürsten schônen.
20 der næste bî ræmescher krônen,
ich wæne iedoch, daz sî mîn name.
bin ich gedigen in ir schame,
die smæhe ich mir selbe erkôs,
dô ich den keiser Karl verlôs.
25 getorste ich ir ze swester jehen,
sô hete man mich baz ersehen
von ir munde emphangen.
dô ich vür si kom gegangen,
gein ir gruoze ich dô niht neic:

30 daz was des schult, daz si in versweic.

159   waz solden die andern denne tuon?
ich bin iedoch des selben sun,
der si vür eine tohter zôch:
si möhte wol geleben noch,
5 daz ez würde ein genôzschaft.
der künec hât alle sîne kraft
niht wan von mîner hant bejaget.
wære ich eine an im verzaget,
die in ze herren müezen hân,
10 ez wære et von in ungetân.
ich antwurte imz rîche,
dâ die vürsten al gelîche,
die minnern und die merren,
et al die landes herren,
15 in sicherheite lebeten
und hazzes gein im strebeten.
niftel, daz tet ich durch sie.
nû stên ich alsô vor dir hie,
daz ich durch dîne komende tugent,
20 und die du hâs in dîner jugent,
dîner muoter schulde lâze varn.
ich wil ouch zorn gein ir bewarn:
bit si her ûz ze den vürsten komen.
habe iemen hie von mir vernomen,
25 dâ wandel nâch gehœre,
ê daz ich gar zestœre
dem künege sîne hôchgezît,
sô ergibe ich mich âne allen strît
gevangenlîche in dînen rât:
30 dîn gebot den slüzzel hât.'

160   Irmschart diu alde,
'nâch dîner muoter balde!'
sprach si zAlîzen der maget:
'wirt nû niht von ir geklaget
5 diu dürren herzebæren sêr,
die durch Tîbalden Terramêr
an dînem geslehte hât getân,
ir sol getrûwen nimmer man.

ganc mit ir, Buov von Komarzî
10 und Schêrins von Pantalî.
saget ir bescheidenlîche dort
den unverzerten jâmers hort,
der ûf unserm künne ligct.
ob daz ir herze ringe wiget,
15 sôst ir wîplîch êre
zegangen immer mêre.'
Alîze mit urloube dan
vuor, mit ir die zwêne man,
Buov unde Schêrins.
20   'mit rîchem solde wil ich zins
von mînem vrîen lîbe geben.
waz touc mir doch mîn aldez leben?'
sus sprach von Pavei Irmschart:
'zÔransche ein hervart
25 ich von mîner koste tuon
dir ze helfe, lieber sun.
mîn hort ist ungerüeret:
des wirt nû vil zevüeret,
kan iemen golt emphâhen.
30 swem daz niht wil versmâhen,
161   ich teile in durch dich, liebez kint,
swaz ahtzehen merrint
bîsande mugen geziehen.
ich wil dir niht entvliehen:
5 harnas muoz an mînen lîp.
ich bin sô starc wol ein wîp,
daz ich bî dir wâpen trage.
der ellenthafte, niht der zage,
mac mich bî dir schouwen:'
10 ich wil mit swerten houwen.'
    'vrouwe,' sprach der markîs,
'sît iuwer triuwe und iuwer prîs
sô volleclîchen rât mir gît,
sô dunket mich des gein iu zît,
15 daz ir ouch hœret mînen rât.
ich weiz wol, daz ir triuwe hât.
sendet mir mînen vater dar:

der kan wol hers nemen war,
er strîtet ouch, swâs nôt geschiht.
20 der helm ist iu benennet niht
noch ander wâpen noch der schilt.
ob iuch des, vrouwe, niht bevilt,
gebet mir sus iuwer stiure.'
dô gelobete im diu gehiure
25 von silber und von golde
und von anderm rîchen solde
schœniu ors und wâpen lieht:
'sun, ich wil dich triegen niht:
des antwurte ich dir genuoc,
30 vil mêr denne ichs noch ie gewuoc.'

IV.

Welt ir nû hœren, wiez gestê
um den zorn, den ir hôrtet ê,
wer den ze suone brâhte,
wie dem markîs nâhte
5 helfe unde hôher muot
und wie ir lîp und ir guot
und ir gunst mit herzen sinne
diu rœmesche küneginne
mit triuwe ergap an sîn gebot?
10 des was ouch Gîburge nôt,
ob dem markîs wol gelanc.
den minne unde jâmer twanc,
waz phandes hete er lâzen dort!
nû prüevet ouch den grôzen mort,
15 der ûf Alischanz geschach,
dar zuo daz vorhtlîch ungemach,
dâ Gîburc inne beleip.
diu in nâch helfe von ir treip,
Gîburc was sîn liepstez phant:
20 nâch ir im sinne und vreude swant,
ungedulteclîch er muoste leben.
ein esse im niemen übergeben
kunde an sô bewandem zil.
diu vlust der mâge twanc in vil,
25 noch mêr diu nôt, der Gîburc phlac.
mitten in sînem herzen lac
gruntveste der sorgen fundamint.
er möhte erbarmen, die halt sint
des wâren gelouben âne,
30 juden, heiden, publikâne.

163   mich müet ouch noch sîn kummer:
dunke ich iemen deste tummer,
die smæhe lîde ich gerne.
swenne ich nû rede gelerne,
5 sô sol ich in bereden baz,
war um er sîner zuht vergaz,
dô diu künegîn sô brogete.
daz er si drumme zogete,
des twanc in minne und ander nôt
10 und mâge unde manne tôt.
    Alîze was nû wider komen
und hete ir muoter wol vernomen,
daz des marcgrâven zorn
endehaft was verkorn:
15 doch wolde si si niht lâzen în.
si widersaz den mâ vesîn,
ir bruoder, den argen nâchgebûr.
si vorhte, daz ein ander schûr
ûf si vallen solde:
20 durch daz si niht enwolde
den rigel dannen sliezen.
    'jâ möhte ich niht geniezen
des küneges noch der vürsten sîn,
dar zuo des werden vater mîn.
25 tohter, hüete, daz mir dîn vride
iht verscherte mîne lide.'
    Alîze sprach: 'mir stêt hie bî
Schêrins und Buov von Komarzî:
die hânt dort suone emphangen.
30 der zorn ist gar zegangen.'

164   si liez die maget wol gevar
dar în. dô sagete ir rehte gar
den grôzen jâmer Schêrins,
wie mit tôde gâben zins
5 ûf Alischanz ir mâge:
    'und dô der künec sô trâge
den marcgrâven hiute emphienc,
dô er durch klage vür in gienc,
vrouwe, des engultet ir.'

10 'ouwê,' sprach si, 'hete er mir
daz houbet mîn hin abe geslagen!
sô endorfte ich nû niht langer klagen:
daz wære ein kurzlîcher tôt.
ich muoz die berhaften nôt

15 und den wuocher der sorgen
den âbent und den morgen,
beidiu tac unde naht,
ob mir ie triuwe wart geslaht,
tragen nâch mînem künne.

20 swer mir nû guotes günne,
der wünsche et, daz ich sterbe,
ê der jâmer mir erwerbe
alsô herzebæriu leit,
daz der unsin die wîpheit

25 an mir iht entêre.
hân ich von Terramêre
die hôhen vlust ûf Alischanz,
ei bêâs âmîs Vîvîanz,
wie vil noch unsippiu wîp

30 dînen geflôrierten lîp

165 suln klagen durch die minne!
phlac mîn bruoder sinne,
der was vergezzen an der zît,
dô dû under schilte gæbe strît:

5 der was noch dîner jugende ein last.
mir sol nach dînem tôde gast
immer sîn der hôhe muot.
nû wol her, die wellen guot!
des wil ich in geben alsô vil,

10 daz ander künegîn ir zil
niht durfen vür mich stôzen.
mînen jâmer den grôzen
ræche ich, möhte ich, schiere.
wâ nû soldiere?

15 swaz der in ræmeschem rîche sî,
den künde, Buov von Komarzî,
der ræmeschen küneginne solt.
und denke, ob si dir wæren holt,

unser mâge, die wir hân verlorn.
20 was mînem bruoder hiute zorn,
daz ich in sô swache emphienc,
wîslîch erz doch ane vienc,
daz ich mîn leben brâhte dan.
ich sol den künec und sîne man
25 helfe und genâde biten:
sint die mit manlîchen siten,
daz richet unser ungemach.'
    si gienc her ûz, dâ gein ir sprach
der marcgrâve Willehalm
30 (trûrec was sîner stimme galm):
'nû müeze senften iuwern zorn,
der an dem kriuze hete den dorn
ûf dem houpte zeiner krône.
welt ir nâch sînem lône
5 mit deheinem dienste ringen,
ir sult die triuwe bringen
vür in am urteillîchen tage,
daz ir nâch in sît in klage,
die wâren und iu verhsippe sint,
10 iuwer bruoder und iuwer swester kint,
drîzehen von iuwer art,
die mir Terramêres übervart
nam: er vant uns doch mit wer.
sunderstorje und sunderher
15 und mir von sunderlande komen
ieslîcher, die hât mir benomen
der hôhe rîche Terramêr.
nû tuot gein sîner zeswen kêr,
der Adâmen worhte:
20 iuwer künne daz unervorhte,
gotes unverzagetiu hantgetât,
die mir Terramêr ertœtet hât,
die ergebet an gotes berme grôz
und mant in, daz er durch uns gôz
25 ûf die erde ûz sînen wunden bluot.
ob er nû helfeclîche tuot,
sô erbarme ich sîne gotheit.

166

vrouwe, ez solde ouch iu sîn leit,
daz ich bin trûrens unerlôst,
30 und gebet mir etslîchen trôst.'
167   'ouwê, wem solde ich træsten geben
oder war zuo touc mîn leben?
mîn vunden vreude ist vlüstec,
mîn hœhe ist niderbrüstec.
5 mir wehset nû gelîche ein leit
der Amfortases arbeit:
der qual von sîner wunden,
die er ze manegen stunden
bî grôzer rîcheite truoc.
10 ich hete ouch werdekeit genuoc
von der rœmeschen hœhe kür,
ê ich ûf Alischanz verlür
den undersaz der hœhe mîn:
diu muoz nû sîgende sîn.
15 wie hân ich armez wîp verlorn
helde, die von mir erborn
wâren und ouch ich von in!
ouwê vreude, dîn gewin
gît an dem orte smæhen lôn.
20 ei Heimrîch von Naribôn,
waz was erblüet ûz dîner vruht
kiusche, milte, manheit, zuht!
mirst ze vruo misselungen
an dem klâren jungen,
25 den diu künegîn Gîburc mir benam
und in erzôch, als ir wol zam.
diu süeze von sînem blicke
noch manegem wîbe dicke
sol vüegen klagehafte nôt.
30 ei, wie getorste dich der tôt
168   ie gerüeren, Vîvîanz,
und daz er lât mîn herze ganz?
bruoder markîs, trûrec man,
ich sol dich træsten, ob ich kan,
5 dar nâch als ez mir drumme stêt.
nû geloube, daz mir nâhe gêt

diu swære vlust unser art.
wâ nû von Pavei Irmschart?
gedenke, ob dû mich hâs getragen.
10 hilf mir diz leit mit triuwen klagen.'
    aber sprach diu künegîn:
'mîne bruoder, die hie sîn,
gedenket, daz wir sîn ein lîp.
ir heizet man, ich bin ein wîp:
15 dâ enist niht underscheiden,
niht wan ein verh uns beiden.'
'trage wir triuwe under brust,
sô klagen unser gemeine vlust
Heimrîch und ich, wir zwei,'
20 sprach Irmschart von Pavei,
'mîne süne hie oder swâ si sint.
ir sît mîn vrouwe und ouch mîn kint.
wir loben des got und sagen im danc,
daz iuch nû âne valschen kranc
25 erbarmt unser verliesen.
alrêst nû sul wir kiesen,
ob irz der vürsten vrouwe sît:
sô klaget ûf Alischanz den strît
dem, der ræmesch krône treget,
30 ob in iuwer dienest erweget.
169 'vrouwe', sprach dô Heimrîs,
'mînen sun, den markîs,
und swaz ir ander bruoder hât,
die sol durch wîplîchen rât
5 nû bevogeten iuwer hant.'
    dâ stuont Bernart von Brûbant
unde Buov von Komarzî
unde Gibert, die drî:
der vierde was Bertram.
10 diu künegîn die alle nam,
die vielen dem künege an sînen vuoz.
si sprach: 'durch nôt ich werben muoz
helfe sô helfeclîche,
diu den vürsten und dem rîche
15 werbe nâch hôhem prîse,

daz ir dem markîse
gestêt durch iuwer êre,
sô daz ir Terramêre
zÔransche leger wendet.
20 iuch und daz rîche er schendet.'
'vrouwe, ir vart mit tummen siten,'
sprach der künec, 'welt ir dem helfe biten,
der an iu hât entêret mich.
hete er baz enthalden sich,
25 daz gediende ich, möhte ich dienest hân
erst iuwer bruoder und ist mîn man:
waz mohte iu daz ze staten komen?
er hât mir êre ein teil genomen.
daz muoz nû sîn. stêt ûf' sprach er:
30 'ich berâte mich um iuwer ger.'
170　　　ûf stuont diu sêre klagende.
dâ von was si bejagende,
daz si ir bruoder helfe erwarp:
des sît ûf Alischanz erstarp
5 manec werder Sarrazîn.
alsô sprach diu künegîn:
'swaz ich hie vürsten mâge hân,
die gelîche ich dem armman,
den grâven und den barûn.
10 ob halt ein swacher garzûn
von mînem geslehte wære erborn,
der enhete die sippe niht verlorn.
swer mir diz leit hilfet tragen,
der sol mir billîch armuot klagen:
15 den vertege ich alsô mit habe,
daz er niht darf wenken abe.
daz sî den vremden ouch benant,
er sî ritter oder sarjant,
turkopel oder swer ze strîte tüge.'
20 ob diz mære iht verre vlüge?
ez warp mit kraft die helfe grôz,
des diu süeze Gîburc wol genôz.
　　dô sprach Bernart von Brûbant:
'ob ich helflîche hant

25 mit gâbe oder in strîte
　　ie getruoc ze keiner zîte,
　　die hân ich noch (es wirt nû nôt)
　　und wil si vüeren in sîn gebot,
　　mîns bruoder, der uns trûrec ist komen:
30 ich hân die vlust mit im genomen.'

171 dô sprach sîn bruoder Bertram:
　　'mirst vreude wilde und sorge zam.
　　ouwê, war kom mîn hôher muot?
　　ich hân starken lîp und vürsten guot
 5 und ze mînem gebote die ritterschaft,
　　der gêrt sol sîn diu gotes kraft:
　　daz mac mich allez niht entsagen,
　　ich enmüeze in mînem herzen tragen
　　leit, daz mich immer twinget,
10 unz mich mîn bruoder bringet
　　an die stat, dâ ich râche tuon
　　um Mîlen, mîner swester sun,
　　und um den klâren Vîvîanz.
　　ouwê,' sprach er, 'Alischanz,
15 daz dû ie sô breit und ouch sô sleht
　　würde, dâ mîner vreude ir reht
　　ûfe wart gebrochen!'
　　sîn ougen wâren entlochen,
　　daz ieslîch zaher den andern dranc:
20 ir vallen im ûf der wæte klanc.
　　dô sprach sîn bruoder Gîbert:
　　'bin ich an daz ammet wert
　　under schilt und mit dem sper,
　　bruoder, des bin ich dîn wer.
25 und ob ich gedienet hân
　　inder sô getriuwen man,
　　daz ich in nû gemanen mac,
　　ob ie sîn trôst an mir gelac,
　　des wirstû innen, sol ich leben.
30 ich wil ouch ûz vürsten henden geben.'

172 dô sprach Buov von Komarzî:
　　'alrêst bin ich nû worden vrî
　　vor vreuden. daz muoz immer wern:

welhes trôstes solde ich gern?
5 mirst vreude und trôst erstorben.
mir hât Tîbalt erworben
mîns hôhen muotes siecheit
und daz unzegangen leit
und siuftec mîniu komendiu jâr:
10 daz muoz mir geben grâwiu hâr.
nû prüeve, swem daz sî bekant,
ob von einem strît toufbæriu lant
ie so manegen helt verrêrten
und den jâmer sus gemêrten.
15 bin ich die lenge in solher klage,
sô wænt mîn bruoder, ich sî ein zage.
mîn helfe ist im doch stæte,
swaz mir tuot oder tæte
diu sorge mit ir überlast:
20 ich wil im manegen werden gast
hin zÔransche vüeren
und alsô mit swerten rüeren,
daz si Gîburc hœre klingen.
vür wâr ich wil im bringen
25 tûsent gewâpender orse dar,
diu man siht an mîner schar,
und drûfe liute, die durch mich
bietent slac unde stich
oder swie der heiden strîtes gert,
30 er vüere bogen oder swert.'

173   zem künege sprach dô Heimrîch:
'herre, nû tuot dem gelîch,
daz ir hôchgezît hât.
durch unser klage daz niht lât:
5 got mac uns wol ergetzen.
heizet die vürsten setzen
und dienen âne schande.
hie sint von manegem lande
vürsten wert unde hôch:
10 swie vreude uns vliuhet oder vlôch,
mich und mîn geslehte,
swer die geste handelt rehte,

des suln si niht engelten:
wan si hânts genozzen selten.'

15 der künec zen ammetliuten sprach:
'durch der wirtîn ungemach
und durch ander, die hie klagen,
sul wir des niht gar verzagen:
ich wil die hôchgezît hân.

20 seht, wie ir mîne werden man
wol setzet, unde nemt des war,
daz ir dise und die hôhen gar
setzet nâch mînen êren:
ir sult iuch selbe lêren.

25 des ist nu tâlanc niht ze vruo.'
balde wart gegriffen zuo,
mit spæhem getihte
wunderlîchiu tischgerihte
man ûf ze vier orten truoc

30 und gap mit zuht dâ nâch genuoc.

174   diu künegîn zir bruoder gienc:
ir hant er in die sînen vienc.
er hetez harnas dennoch an.
si vuorte den siuftebæren man

5 mit ir ze kemenâten wider.
zuo ein ander si dar nider
vor sküneges bette an eine stat
in diu künegîn sitzen bat.
juncvrouwen und juncherrelîn

10 sus gebôt diu künegîn,
daz siz harnas und wâpenkleit
von im næmen: dâ was bereit
von phelle kleider tiure.
Alîze diu gehiure

15 zir muoter sprach: 'heiz bringen her
gewant, daz durch mîns vater ger
im selben hiute wart gesniten:
mînen œheim soltûz tragen biten.'
mit zuht der marcgrâve sprach:

20 'vrœlîch gewant und guot gemach,
des wil ich haben mangel,

die wîle diu sorge ir angel
in mîn herze hât geschoben.
mit swerten wart von mir gekloben
25 vreude und hôchgemüete.
vrouwe, durch iuwer güete
nû erlât mich guoter kleide,
die wîle mir alsô leide
durch vlust und nâch Gîburge sî.'
30 'des lasters würde ich nimmer vrî,
175 soldestû nacket bî mir gên.
bruoder, kanstû dich verstên,
wiez dîne genôze meinden?
vil spâte si sich vereinden,
5 daz si mir drum gæben prîs.'
si gebôt, daz der markîs
den phelle von Adramahût
legete über ungestrichen hût.
dô wâren si ungelîche lieht.
10 der markîs engerte niht,
daz sîn bart, vel oder hâr
iht wære wan nâch îser var:
Alîze was im ungelîch.
er vuorte die küneginne rîch
15 her ûz: ir tohter gienc vor ir.
niht baz wart bescheiden mir,
wie die vürsten sâzen,
innen des dô si âzen.
der künec sazte einhalp sîn wîp
20 und Alîzen, diu den klâren lîp
truoc: dar nâch er niht vergaz,
sîn sweher anderthalben saz
und des wîp vrou Irmschart.
ir sun, der harnasvarwen bart
25 truoc, den bat si zuo zir komen.
der sprach: 'mir hât Tîbalt benomen,
swaz ich gesellen mohte hân:
mînen wirt, den koufman,
den heizet mir ze gesellen geben.'
30 dô mohte Wîmâr gerne leben,

176
wan er an srîches tische saz
und mit den hœsten vürsten az
und der rœmeschen krône.
zwei hundert marc ze lône
5 gap der markîs dem wirte:
Irmschart daz wênec irte.
wande er in nam des âbents în,
dâ von wuohs zwivalt gewin
Wîmâre, guot und êre.
10   der markîs niht mêre
neheiner spîse gerte,
wan swarzez brôt er merte
in ein wazzer, swenne er tranc:
dâ stuont ein brunne, der wol klanc
15 ûz einem nazzen kruoge.
daz marcten ouch genuoge:
die enwessen niht, durch waz er leit
von zadel solhe arbeit.
Gîburc des sicherheit emphienc,
20 dô si zer porten mit im gienc,
ê daz er sæze ûf daz ors.
swie sîn swâger Fâbors
zÔransche marschalc wære gewesen
(âne ir danc was er genesen),
25 swie manec tûsent si dâ vor
heten ziegelîchem tor,
dô er von Gîburge schiet,
ir minne gebôt unde riet,
daz sîn gelübede âne allen kranc
30 gein ir stuont und âne wanc.
177
durch daz er mîden wolde,
swaz man truoc oder tragen solde
vür in, daz wilde und daz zam,
gepigmentet klâret alsam,
5 den mete, den wîn, daz môraz:
durch der neheinez er vergaz
sîner gelübede. swer im küssen bôt,
sô dâhte er an des kusses nôt,
der im zÔransche was beliben,

10 und wie er von dem was vertriben.
    er hete ouch manec ander vlust:
    durch daz was herzenhalp sîn brust
    wol hende breit gesunken
    und sîn vreude in riuwe ertrunken.
15 er dâhte: 'nûst der künec sat:
    des in diu künegîn hiute bat,
    er beginnets uns nû lîhte wern.
    ich wil genâde und helfe gern.
    daz trunken houbet lîhte tuot,
20 des nüehter man gewan nie muot.
    ist, daz er helfe mir gelobet,
    die vürsten diuhte, dâ wære getobet,
    ob er die gelübede bræche
    und swaz er an mir ræche.'
25   dô sprach er: 'herre, der vürsten voget,
    sich hât mîn dinc an iuch gezoget.
    ir sît selbe überriten:
    ich sol iuch billîchen biten,
    daz ir rœmescher krône ir rîche wert,
30 dar um ich vreude hân verzert.
178   iuwer kinde mâge sint verlorn,
    ich bin gesuochet zallen torn.
    hete ich bürge oder lant,
    die stênt in Terramêres hant.
5 mîne vische in Larkant sint tôt.
    von tretene hât die selben nôt
    al mîne wisen und diu sât.
    swaz diu marke nutzes hât,
    die ich hân von dem rîche,
10 daz liget nû jæmerlîche.
    mîne mûre sint zebrochen:
    diu viur sint unberochen,
    ez brinnet al mîn marke.
    ob Nôê in der arke
15 grôzen kummer ie gewan,
    den selben mac Gîburc wol hân
    von ritterschefte übervluot.
    Terramêr gewalt mir tuot.

etswenne hete ich veltstrît
20 unz an die vlustbæren zît,
daz ich nû wart în getân.
geloubet des, daz Bâligân
nie gevuorte græzer her
gein iuwerm vater über mer.
25 dâ gegen hœret ander maht.
ich hân si des wol innen brâht,
daz noch dâ ergienge ritterschaft,
hete mînen willen iuwer kraft.
noch wert mich: ich bin werlîch.
30 tuot ellenthafte dem gelîch,
als ander künege ie tâten.'
'des wil ich mich berâten'
sus antwurte Lôîs.
'berâten?' sprach der markîs:
5 'welt irz niht snelleclîche tuon,
sô wurdet ir nie Karles sun.'
über den tisch er balde spranc.
er sprach: 'ich sages iu kleinen danc:
ir müezet gein den vinden varn
10 und geturret nimmer daz gesparn.
wer solde iuwer man sîn?
diu marke und ander lêhen mîn,
daz sî ledec iu benant.'
Bernart von Brûbant
15 und der wîse Gîbert
und ander sîne bruoder wert
sprungen dar und wanden daz.
der künec gedulteclîche saz.
der gezogen und der wîse
20 sprach zem markîse:
'woldet ir êrenz rîche,
sô möhtet ir willeclîche
mîn helfe gerne emphâhen.
wil iu daz versmâhen,
25 sô diene ich aber anderswar:
sôst deste minner iuwer schar
gein der heidenschefte.

179

muoz aber ich mit mîner krefte
iu dienen zundanke,
30 sô bin ichz der muotes kranke.'
180   diu künegîn sprach dar zuo
vil baz denne smorgens vruo,
dô si der markîs umme zôch
und sînem zorne kûme entvlôch:
5 des was nû suone worden.
si sprach nâch swester orden:
'ei rœmescher künec, herre mîn,
waz touc iuwer tohter liehter schîn
und ir süezer minneclîcher munt?
10 dem wirt diu wirde nimmer kunt,
als ob ir mâge lebeten.
die ie nâch prîse strebeten,
ir rehtiu tât, ir werder muot
hülfe uns vil baz denne iuwer guot.
15 wir zwuo sîn mit in erslagen.
nû helfet unser sterben klagen:
sô ensît ir von uns beiden
der helfe niht gescheiden,
ir ensült uns leisten triuwe.
20 nû habet ouch eigen riuwe
nâch den, die iuwer rîche
werten werlîche.
nû lât si alle juden sîn,
die durch den trûregen bruoder mîn
25 iuwer lant ze wern sint verlorn:
wart ie triuwe an iu geborn,
ir sult durch triuwe klagen sie.
der rœmesche keiser Karl nie
eines tages sô manegen helt verlôs,
30 die man ze vürsten ûz erkôs.'
181   'vrouwe, ich wære des lîhte ermant,
iuwer mâge, die durch wer mîn lant
am tôde sint ervunden,
daz ich die zallen stunden
5 solde klagen und dâ nâch rechen,
swenne ich möhte daz gezechen.

nû hœrt ir wol, wiez drumme vert.
ich bin hie selbe kûme ernert:
sô sit ir ouch vor mir gezoget
10 von dem, der mich der vürsten voget
nande (ich wæne, ir hôrtetz wol),
von dem dulte ich sô smæhe dol.
ob ie vürste wart mîn man,
an dem hât er missetân
15 und ze vorderst an der krônen:
wie sol ich des lônen?
verkiuse ichz, man sol mich ein zage
mîne kunftliche tage
dar nâch immer nennen.
20 muoz ich an im erkennen,
daz erz mit guoten witzen tuo,
daz ist uns beiden alze vruo.
ob ich in helfe lâze,
daz kumt uns niht ze mâze:
25 sô vliuhe ich, ê ich den vîent sehe.
ieslîch man durch triuwe jehe,
waz er tæte, und stüendez im
als mir, waz râtes ich nû nim.
der muoz vil ebene mezzen dar,
30 ob er mir werdekeit bewar.'
182   man nam die tische gar hin dan.
manec rîche, manec arm man,
die alden und die jungen
gar dar nâher drungen.
5 si wolden vrâgen mære,
durch waz sô balde wære
der markîs über den tisch gevarn.
etslîche wolden daz bewarn,
daz sîn hant dar nâch iht mêr
10 wære mit zogen alsô hêr.
Heimrîch und des gesinde
vor dem Karles kinde
mit grôzer zuht stuonden:
werben si begunden,
15 daz er helfe würde ermant.

dicke Karl wart genant:
des ellen solde er erben
und niht die tugent verderben,
als im von arte wære geslaht:
20 daz er dæhte an srîches phaht,
diu lêrte inz rîche schirmen
und nimmer des gehirmen,
er enwürbe srîches êre.
'welt ir nû Terramêre
25 ze wüesten staten iuwer lant,
des wirt diu kristenheit geschant
und der touf entêret.
ob iuch anders iemen lêret,
wan daz ir iuch undz rîche wert,
30 dem ist vil untriuwe beschert.

183   swerz bezzer weiz, des selben jeher.'
dô sprach der künec ze sînem sweher:
'ich hilfe iu durch mîn selbes prîs,
swie iuwer sun der markîs
5 sich habe an mir vergâhet
und sîne zuht genâhet
hin zer missewende.
ich var oder ich sende
in iuwer helfe alsolhez her,
10 daz deste bezzer wirt sîn wer.'
    'herre und ouch mîn hœster sun,
iuwerm kinde zêren sult irz tuon
und durch mîn tohter, iuwer wîp,
daz ir Vîvîanzes lîp
15 rechet' sprach vrou Irmschart.
'nû vüeget iuwer hervart
mit der vürsten helfe alsô,
des diu süeze Gîburc werde vrô,
diu iuwer helfe wartet,
20 wan ir nû wênec zartet
Terramêr und Tîbalt.
die mir tôt hânt gevalt
almeistec mîne nâchkomen,
si habent iu dienstes vil benomen,

25 die iuwern hof wol êrten,
   swâ si zuo ziu kêrten.'
    'vrouwe, mîn ander muoter,
   sô werder noch sô guoter,'
   sprach der künec, 'die sint mir unbekant:
30 liute in gelîch noch nie bevant

184   weder mîn hœren noch mîn sehen,
   den man vor ûz sô dorfte jehen
   prîses in solher hœhe:
   ir lobes vürgezœhe
5 muoz an dem jungest erschinenen tage
   dennoch sîn mit niuwer sage.
   er was wol liephalp mîn kint:
   al die durch mich in râche sint
   um Vivîanzes sterben,
10 die lâze ich gein mir werben.
   swaz ieslîchem sî gelegen,
   dâ wil ich sînes willen phlegen
   mit gâbe, mit lêhen, mit eigen.
   ich wil nû helden zeigen,
15 daz ich des rîches hant hie trage.
   mînen solt sol mich der zage
   lâzen geben den werden.
   ich hân sô breit der erden,
   daz ieslîch vürste reichet dar,
20 nimt sîn mîn hant mit günste war.'
    etslîche nâmen sînen solt:
   etslîche wâren im sus sô holt,
   daz si die hervart swuoren
   und al gemeine vuoren,
25 swaz vürsten dar zer hôchgezît
   kom. ouch wart des küneges nît
   ûf den markîs verkorn:
   der von Karle was erborn,
   der begienc dâ Karles tücke.
30 daz was Gîburge gelücke.

185   turkopel, sarjande,
   in der Franzoisære lande
   swaz mit al den vürsten ritter sint

und die Heimrîch und sîniu kint
5 dâ heten, beide junc und alt,
die ze keiner helfe wâren gezalt,
die sagete man gar rehtelôs,
durch daz der touf die smæhe kôs
von der heidenschefte,
10 si enwertenz mit ir krefte.
diu urteil vor dem rîche
wart gesprochen endelîche
und gevolget von den hœsten.
ich enruoche um die bœsten
15 und ob dâ inder was ein zage:
der samenunge zil ich sage.
srîches gebot und diu urteil
tet kunt, ein sac und ein seil
wæren schiere ûf gebunden.
20 an den selben stunden
was dâ diu beste ritterschaft
über al der Franzoisære kraft
und heten ouch alle harnas dâ:
was ez aber anderswâ,
25 dâ wart balde nâch gesant.
die strâzen wurden gar berant
von den rittern selbe und von ir boten.
si wolden Terramêres goten
niuwiu mære bringen
30 und Gîburge helfen dingen
186   durch des marcgrâven klage.
      ze Munlêûn am zehenden tage
vor dem berge ûf dem plân
dâ wolde der künec sîne man
5 schouwen und in danken,
den starken und den kranken,
al dar nâch si wâren komen.
dâ wart urloup genomen
und schiet sich diu hôchgezît.
10 der künec diu phant hiez machen quit.
über al manz versuochte:
swer sîner gâbe ruochte,

diu was gewegen al bereit.
durch wider komen dannen reit
15 ungezaltiu mahinande.
ritter, sarjande,
dise kômen hiute, morgen die:
beidiu dort unde hie,
swen man westen oder ôsten komen sach,
20 der vant rîch lant und guot gemach.
der künec ze Munlêûn beleip,
unz er die zehen tage vertreip.
Heimrîch was dannen geriten
und hete der markîs erbiten
25 bî der künegîn sîner vrouwen.
diu hiez vil dicke schouwen
mit triuwen sîne wunden,
die Gîburc hete verbunden.
er wart dâ sîner wunden heil
30 und durch des küneges helfe geil.
187   eins âbents der künec komen was
zen venstern ûf den palas
und diu künegîn und sîn tohter.
al die wîle enmohter
5 niht bezzer kurzwîle sehen:
des muoste der markîs jehen,
der dâ bî Alîzen saz.
sich huop ie baz unde baz
zwischen dem palase und der linden,
10 daz man sach von edeln kinden
mit scheften ûf schilte tjostieren,
dort sich zweien, hie sich vieren,
hie mit poinder rîten,
dort mit pûschen strîten:
15 dâ sprungen ritter sêre.
ze der zît was êre,
der den schaft verre schôz,
des ouch dâ manegen niht verdrôz:
sô liefen dise die barre.
20 von der maneger slahte harre
wart versûmet lîhte ein man,

der über den hof wolde gân.
dâ wart von knehten vil geschrît,
die dâ hielden diu runzît:
25 man sluoc dâ manege tambûr.
dâ wære ein ungevriunt gebûr
vil lîhte in dem schalle
gedigen zeinem balle
von hurte her unde dar.
30   dô nam der marcgrâve war,

188 daz ein knappe kom gegangen,
der wart mit spotte emphangen:
der truoc einen zuber wazzers vol.
ob ich sô von im sprechen sol,
5 daz mirz niemen merke,
wol sehs manne sterke
an sîn eines lîbe lac.
des küneges küchen er sô phlac,
daz er wazzers truoc al einc,
10 des die koche al gemeine
bedorften zir gereitschaft.
dâ drî mûle mit ir kraft
under wæren gestanden,
zwischen sînen handen
15 truoc erz als ein küsselîn.
ouch gap nâch küchenvarwe schîn
sîn swach gewant und ouch sîn hâr.
man nam sîn niht ze rehte war,
nach sîner geschickede und nâch sîner art.
20 etswâ man des wol innen wart,
und viel daz golt in den phuol,
daz ez nie rost übermuol:
derz schouwen wolde dicke,
ez erzeicte etswâ die blicke,
25 daz man sîn edelkeit bevant.
swer noch den grânât jâchant
wirfet in den swarzen ruoz,
als im des dâ nâch wirdet buoz,
er zeiget aber sîn rœte.
30 verdacter tugent in nœte

189   phlac Rennewart der küchenvar.

      nû merket, wie der adelar
      versichert sîniu kleinen kint:
      sô si von schaln komen sint,
  5   er stêt in sînem neste
      und kiuset vor ûz daz beste.
      daz nimt er sanfte zwischen die klâ
      und biutetz gein der sunnen aldâ:
      ob ez niht in die sunnen siht,
 10   daz im diu zageheit geschiht,
      von neste lât erz vallen.
      sus tuot er den andern allen,
      ob ir tûsent möhten sîn.
      daz in der sunnen hitze schîn
 15   siht mit beiden ougen,
      daz wil er âne lougen
      denne zeinem kinde hân.
      Rennewart der starke man
      was wol in sarn nest erzogen,
 20   niht drûz gevellet, drabe gevlogen
      und gestanden ûf den dürren ast.
      sîner habe aldâ gebrast
      den vogeln, die in solden niezen:
      des mohte ouch die verdriezen.
 25   ich mæze iu dinges dar genuoc
      gein dem, der den zuber truoc,
      wan daz ez iu von im versmâhet.
      nû kom im dar genâhet
      mit hurte ein poinder daz niht liez,
 30   den zuber man im umme stiez.

190   daz vertruoc er als ein kiuschiu maget
      und wart von im ouch niht geklaget.
      'in schimphe man sus tuon sol'
      dâhte er und brâhte in aber vol.
  5   dennoch was im niht spottes buoz.
      von disen zorse, von jenen ze vuoz
      wart er vil gehardieret
      und alsô gepunieret,
      daz sîn voller zuber swære

10 wart aber wazzers lære:
   dâ von im kiusche ein teil zesleif.
   einen knappen dô begreif
   der starke, niht der kranke:
   er dræte in zeinem swanke
15 an eine steinîne sûl,
   daz der knappe, als ob er wære vûl,
   von dem wurfe gar zespranc.
   um in was ê grôz gedranc:
   die liezen in gar eine
20 und vluhen al gemeine.
       der markîs zem künege sprach:
   'sâhet ir, herre, waz geschach
   ûf dem hof von dem sarjant,
   der treget daz küchenvar gewant?'
25 der künec sprach: 'ich hânz gesehen.
   ez ist im selten ê geschehen,
   daz man in vünde in unsiten.
   er hât von kinde hie gebiten
   in mînem hove mit grôzer zuht:
30 er begienc nie solh ungenuht.

191 ich weiz wol, daz er edel ist:
   mîn sin ervant aber nie den list,
   einvaldec noch spæhe,
   von wirde noch von smæhe,
5 der in übergienge,
   daz er den touf emphienge.
   ich hân unvuoge an im getân:
   got weiz wol, daz ich willen hân,
   ob er emphienge kristenheit,
10 mir wære al sîn kummer leit.
   in brâhten koufliute über sê:
   die heten in gekoufet ê
   in der Persâne lande.
   nie dehein ouge erkande
15 vlæteger antlitze noch lîp:
   gêret wære daz selbe wîp,
   diu in zer werlde brâhte,
   ob der touf im niht versmâhte.'

der markîs zem künege trat:
20 um den knappen er in bat,
er solde in im ze stiure geben.
'waz ob ich, herre, im sîn leben
baz berihte, ob ich mac?'
der künec versagens gein im phlac.
25 Alîze bat iu mêre
sô lange und ouch sô sêre,
unz in der künec gewerte,
des er um den knappen gerte.
der markîs nâch Rennewart
30 sande: der was noch âne bart,
192   dô der in den palas gienc,
mit grôzer zuht erz ane vienc.
doch was im schamlîche leit,
daz sô swach was sîn kleit:
5 ez versmâhte einem garzûne.
dô der markîs in prisûne
gevangen lac dâ zArâbî,
Kaldeis und Kôatî
lernte er dâ ze sprechen.
10 dô enwolde ouch niht zebrechen
der knappe sîniu lantwort:
Franzoisære sprâche kunde er hort.
dô der markîs in komen sach,
'bien sei venuz' er dô sprach
15 mit der jungen künegîn urloup.
dô gebârte er, als er wære toup
und als ers niht verstüende:
er hete doch guote künde,
swaz iemen sprach, man oder maget.
20 der gegenrede wart niht gesaget
von sînem edeln munde.
der markîs dâ ze stunde
sprach Kaldeis und heidensch zim.
'die beide sprâche ich wol vernim'
25 sus antwurte im der knappe dô.
des was der marcgrâve vrô.
dô sprach er: 'trûtgeselle mîn,

ich wæne, dû bist ein Sarrazîn.
nû sage mir um dîn geslehte
30 und dîn her komen rehte.'
193   er vrâcte in her unde dâ.
er sprach: 'ich bin von Meckâ,
dâ Mahmeten heilekeit
sînen lîchnamen treit
5 al swebende âne undersetzen.
der mac mich wol ergetzen,
swar an ich hie vertwâlet bin,
und hât er gotlîchen sin.
doch hân ich im sô vil geklaget,
10 daz ich sîner helfe bin verzaget,
und hân michs nû gehabet an Krist,
dem dû undertænec bist.
mich dunket des, dû sîs getouft.
sît ich her wart verkouft,
15 sô hân ich smæhlîch arbeit
gedolt. der künec selbe streit
gein mir und hiez mich lêren,
ich solde mich bekêren:
nûst mir der touf niht geslaht.
20 des hân ich tac unde naht
gelebet dem ungelîche,
ob mîn vater ie wart rîche.
etswenne ich in den werken bin,
daz mir diu schame nimt den sin:
25 wande ich lebe in leckerîe.
sol immer wert âmîe
mînen lîp ummevâhen,
daz mac ir wol versmâhen:
wan ich bin wirde niht gewent
30 und hân mich doch dar nâch gesent.'
194   dem markîs wol behagete,
daz der junge unverzagete
in alsô smæhlîchem leben
mit zuht nâch wirde kunde streben.
5 er sprach: 'dîn schame gar verbir.
der künec hât dich gegeben mir:

ob dû mich dienstes wider wers,
ich bereite dich schône, swes dû gers.'
im neic und sprach der Sarrazîn:
10 'sol ich in iuwerm gebote sîn,
ir muget an mir behalden prîs.
herre, sît irz der markîs,
der daz geflôrierte her
von den komenden über mer
15 hât verlorn in strîte,
sô bin ich iu bezîte
in iuwer helfe alhie gegeben:
die wil ich rechen, sol ich leben.
ziuwerm râte wil ich phlihten.
20 ir muget mich wol berihten,
swenne ich in swacher vuore bin
(jugent hât dicke kranken sin):
und heizet mir gereitschaft tuon.'
dô sprach Heimrîches sun:
25 'swes dû gers und swaz dû wilt,
hân ichz, nimmer michs bevilt,
ich gibe dirz' sprach der milte man.
'ir muget die koste lîhte hân,
als ich nû ger von iuwer hant,
30 swie iuwer marke sî verbrant.'
195   ir enweders wort niemen verstuont:
si enwâren dâ man noch wîbe kunt,
der doch die stimme hôrte.
under râme der geflôrte,
5 des vel ein touwec rôse was,
ob ez im rosteshalp genas,
er sprach: 'herre, wie sol ich nû varn?
swaz ir heizet mich bewarn,
des phlige ich, als ich phlegen kan.
10 sô lieben herren ich nie gewan:
iuwer hulde sî mîn lôn.'
einen juden von Naribôn
liez dâ diu vürstîn Irmschart:
der solde gein der hervart
15 bereiten smaregrâven diet.

swem sîn kummer daz geriet,
daz er sich halden wolde
an in, mit rîchem solde
si der jude werte,
20 ieslîchen, swes er gerte.
er sande ouch Rennewarten dar
und bat den juden nemen war,
daz er dem jungen sarjant
harnas, ors und gewant
25 gæbe, unz er selbe spræche,
daz nihtes im gebræche.
    Rennewart kom dar gegangen
und iesch et eine stangen,
die wolde er gein den vînden tragen,
30 daz diu würde wol beslagen

196 mit starken spangen stehelîn,
und ein surkôt von kemmelîn.
mit guoten schuohen und hosen von sein
sîniu wol geschicketen bein
5 wurden wol berâten.
er gienc, dâ snîdære nâten
wît und blanc lînîn gewant:
daz galt im gar des juden hant
durch smaregrâven êre.
10 er bôt im dennoch mêre,
harnas, ors und lanzen starc:
er enbehielt niht noch verbarc,
wan daz er in schône werte
al des er an im gerte
15 als ander soldiere.
dô sprach der knappe schiere:
'ich wil ze vuoze in den strît.
harnas unde runzît
daz gebe mîn herre den, dies gern
20 ir sult mich einer stangen wern,
vierecke, einer hagenbuochen,
ob sehs man versuochen,
daz si si hin wellen tragen,
daz die von ir swære klagen,

25 und ob michs sibene wolden heln,
   daz si ir doch möhten niht versteln
   von der swære ir laste.
   der smit sol si vaste
   beslahen mit starken banden,
30 sleht und blôz zen handen.'

197   sus wart bereitet Rennewart
   und manec ander gein der hervart
   allez von des juden hant.
   hie dem ritter, dort dem sarjant
 5 der markîs rottenmeister gap.
   der samenunge urhap
   sich huop nâch den zehen tagen:
   man sach dâ rîlîch ûf geslagen
   anz velt, dâ der berc erwant,
10 treif unde tulant,
   eckube unde preimerûn.
   ouch sach der Heimrîches sun
   manec hôch gezelt gesniten wît
   gein der vürsten künfte zît,
15 die dâ kômen durch srîches gebot.
   Giburc möhte loben got,
   hete si gesehen und ouch vernomen
   diz kreftec ritterlîche komen.
       der künec hin abe mit valken reit,
20 über al daz gevilde breit
   emphienc er die vürsten sunder.
   die erbarmete und nam wunder
   um smarcgrâven mâge,
   daz er sich selbe en wâge
25 liez mit einem sô kleinen her,
   daz er srœmeschen küneges wer
   niht beite ûf sîner marke,
   dô Terramêr der starke
   in sô manegen tregemunden
30 was dâ komende vunden.

198   dô si der markîs emphienc,
   etslîcher sîne zuht begienc,
   daz er mit herzen klagete

kummer, den er in sagete.

5 die werden begunden sprechen,
si woldenz gerne rechen
durch in und durch daz rîche
und si tætenz ouch billîche.
des küneges rüefære al den scharn
10 gebôt, si solden smorgens varn
gein Orlens ûf die strâze.
dô der künec ze guoter mâze
mit den valken was geriten,
dâ wart niht langer dô gebiten.
15 Munleûn ist der berc sô hôch:
ê daz diu sunne im entvlôch,
er reit hin ûf bî schœnem tage.
    nû vant der markîs mit klage
sînen jungen starken sarjant.
20 dem was sîn hâr und sîn gewant
in der küchen besenget.
ez enwart dô niht gelenget,
den selben schimph mit schimph er rach.
mit der stangen er durch die kezzel stach:
25 kein haven was dâ sô êrîn,
er müeste ouch zebrochen sîn.
der küchenmeister kûme entran.
zornec was der junge man:
der markîs senfte im sînen muot,
30 als dicke ein vriunt dem andern tuot.

199   er sprach: 'ich gibe dir anderiu kleit.
dir was dîn hâr ouch alze breit:
daz sul wir nider strîchen
und den ôren gelîchen
5 schône alumme mit einem snite.
nû habe zuhtbære site
und kêr dich niht an dise klage.
morgen vruo, sôz êrste tage,
sô man die banier binde
10 ane, dâ mîn gesinde
under suln trecken
vür die stat, sô heiz dich wecken

dînen wirt und hebe dich an die vart.'
daz lobete der junge Rennewart.

15   der künec ze Munlêûn die naht
beleip. der hete sich vor bedâht,
er wolde zOrlens rîten,
dâ daz her an allen sîten
zer jungesten samenunge,

20 der alde und der junge
kômen, die im des swuoren,
daz si ze helfe vuoren
dem gelouben und dem toufe.
von ir soldes koufe

25 diu künegîn sunderrotte phlac
und sich der kost alsô bewac,
daz wert man gerne greif dar zuo.
si was bereit des morgens vruo
mit maneger juncvrouwen:

30 si wolden zOrlens schouwen,
200   wie der künec dâ belibe
und wie erz her vürbaz tribe
und wer des wære houbetman.
diu naht ouch enden began,

5 daz man den tac kôs al grâ.
dô sach man her unde dâ
von velde und ûz den porten,
ich meine gein al den orten,
swâ gein Orlens diu strâze lac,

10 diu wart getretet wol den tac.
dô zogete ouch dan diu künegîn
und ir tohter, diu sô liehten schîn
gap, daz ich die heide
mit ir manegem underscheide,

15 des si noch phliget und ouch dô phlac,
gein ir niht gelîchen mac.
disen zorse und jenen ze vuoz,
den allen werdeclîcher gruoz
von dem markîs geschach.

20 den man bî strâzen halden sach
ûf sînem ors Volatîne,

er warte, ob al die sîne
ûz Munlêûn noch wæren komen.
die heten sich sô vür genomen,
25 daz sûmen was von in gespart.
niwan sîn vriunt Rennewart
der kom geheistieret hie
sô verre nâch, daz dise und die
im sêre wâren gevirret.
30 in hete der slâf verirret:
201   doch was er herzenlîche vrô,
daz er den marcgrâven dô
vor im zorse halden sach,
der sînen gruoz gein im ouch sprach
5 und vrâcte in: 'wâst diu stange dîn?'
Rennewart sprach: 'herre mîn,
der hân ich vergezzen dort.
ez was ein helflîchez wort,
daz ir mich der stangen habet ermant.
10 herre, ir sît des ungeschant,
ob ir mîn hie bîtet.
ez vrumt iu, swâ ir strîtet,
ob ich die stangen bringe.'
er sprach ze dem jungelinge:
15 'ich beite dîn, wiltû schiere komen.
hâstû iemen hinder dir vernomen,
der mich ane winde,
dem sage, daz er mich vinde.
ritter und ander soldiere
20 brinc mit dir wider schiere
und vergiz niht dîner stangen.'
'nû lât iuch niht erlangen'
sprach Rennewart der snelle.
    mit küchenvarwem velle
25 was er ûf einer hackebanc
die naht âne der koche danc
gelegen. die heten hin getragen
sîne stangen: die begunde er klagen.
der tür er wênec deheine liez,
30 mit den vuozen er si nider stiez.

202   der küchenmeister lac dâ tôt:
die andern koche dolten nôt,
swaz ir dâ heime was beliben.
unlange hete er daz getriben,
5 unz er sîne stangen vant:
die warf er von hant ze hant
als ein swankel gerten.
nû hete ouch sîns geverten
gebiten dort der markîs.
10 den dûhte, daz daz selbe rîs
solhen würfen wære ze swære
und dem kranken ungebære.
sus kom der starke soldier:
vor hunden ein wildez tier
15 wære niht baz ersprenget.
ez wart dô niht gelenget,
der marcgrâve reit hin nâch,
Rennewart lief vor: dem was ouch gâch.
dem her was herberge genomen
20 und was der künec selbe komen
zeinem klôster, daz verbran,
dô der marcgrâve dan
schiet und sînen schilt dâ liez.
ze tûsent marken der geniez
25 was, der dem klôster galt
(sus was sîn urbor gezalt):
ob iuch des mæres niht bevilt,
sô koste mêr der eine schilt,
der in dem viure was verlorn,
30 dennez klôster mit den urborn.

203   der marcgrâve reit ouch dar
und nam des grôzen schaden war,
den er undz klôster dâ gewan.
nû hete der abbet kunt getân
5 dem künege und der künegîn,
wie rehte kostebæren schîn
der schilt gap von gesteine
und daz anders enkeine
drûf verwieret lâgen,

10 wan die grôzer koste phlâgen.
der künec zem marcgrâven sprach,
dô er in vor im sitzen sach
(dâ saz mêr ritter ungezalt):
'dar zuo dunket ir mich zalt,
15 daz iu ûf tôtbæren strît
iuwer muot die volge gît,
daz ir iuch zimieret alsô.'
    der markîs sagete im rehte dô:
'swaz ich zimierde phlige,
20 die erwarp mîn hant mit einem sige
an dem künec von Persîâ.
der bôt mir vür sîn sterben dâ
drîzec helfande,
die man geladen bekande
25 mit dem golde von Kaukasas.
al anders mir ze muote was:
sîns sterbens mich baz luste,
wande ich smorgens kuste
Vîvîanzen dicke alsô tôt.
30 ez half in niht, swaz er mir bôt:
204   ich enthoupte den künec wol geborn.
des hât diu minne mir verlorn
sinen schilt kostebære.
er was ouch mir ze swære:
5 in solde der geprîste tragen,
den ich dar under hân erslagen.
got weiz wol, daz al sîn sin
ie was gernde ûf den gewin,
daz im diu minne lônde.
10 deheiner kost er schônde:
sîn herze im des niht werte,
lîp und guot er zerte,
der newederz vor prîs er sparte,
vor valscheit der bewarte.
15 swaz mir nû tuot Terramêr,
ich hân im doch daz herzesêr
an dem werden künege alsô gesant,
dâ von im jâmer wirt bekant:

der ze Samargône
20 in Persîâ die krône
vor den edeln vürsten truoc,
mîn hant iedoch den selben sluoc,
sînen bruoder den getiurten,
vor wîben den gehiurten.
25 ich hân der minnen hulde
verlorn durch die schulde:
ob ich minne wolde gern,
ich müeste ir durch den zorn enbern,
wande ich Arofel nam den lîp,
30 den immer klagent diu werden wîp.
205   ich half noch Terramêre
vürbaz gein herzesêre:
mîn tjost im sluoc den süezen.
wie möhte ich daz gebüezen
5 wîben, die noch mêr verlurn
an im, ob si ze rehte kurn?
dâ was der minne urbor verhert,
mit sînem tôde ir gelt verzert.
Tesereiz der geprîste,
10 sîn herze in alsô wîste:
wart nâch minne ie dienst ersehen,
man muoste im volgen unde jehen,
daz ers phlac und guoten willen truoc.
Tesereiz der hete ie genuoc
15 prîses vür sîne genôze.
er vuorte ouch her daz grôze
ûz vünf künecrîchen:
ich enmac im niht gelîchen
niemen under krône,
20 der baz nâch wîbe lône
rünge denne der Arâbois.
der rîche Sezîljois
was geborn von Palerne.
mîn hant in sluoc ungerne
25 durch sîne hôhe werdekeit:
ouwê, daz ich im niht entreit,
dô der gezimierte

mich vil gehardierte.

mîn tjost was im doch unbekant,
30 unz Arâbel wart genant,
206   bî der minne er mirz gebôt:
dâ von was künftec im sîn tôt.

von **Boctân** rois Talimôn
was noch durch der wîbe lôn
5 gezieret baz dan Tesereiz:
vor dem bestuont mich Poufameiz,
der künec von Ingulîe,
und Turpîûn, die drîe,
der rîche von Falturmîê.
10 den tet ich allen gelîche wê:
Schoiûsez leben ûz in sneit.
Arfiklant ouch mit mir streit
und des bruoder Turkant:
Turkânîe was ir lant.
15 der newerderm half sîn krône,
ich engæbe im daz ze lône,
als ich Vîvîanzen ligen sach,
den ich sît an Arofele rach.

âne rüemen wil ichz sagen,
20 der heiden hât mîn hant erslagen,
ob ichz rehte prüeven kan,
mêr denne mîn houbet und diu gran
der hâre haben mit sunderzal.
mit schaden behabeten si daz wal.
25 dâ von ich schumfentiure leit,
daz enwas niht âne ir arbeit:
si mugens noch lange zeigen.
daz erziuge ich mit den veigen,
als ouch mîn stiefsun Ehmereiz,
30 wæne ich, wol die wârheit weiz.
207   von dem maneger slahte wuofe,
ir herzeichens ruofe,
und daz ich heidensch wol verstuont,
dâ von was mir rehte kunt,
5 wer si wâren, dirre und der.
dô si mit poinder kômen her,

ich sluoc ie die geflôrten,
an die die rotte hôrten,
unz ich beleip gar helfelôs.
10 ein vliehen ich dô vür sterben kôs:
ich vlôch aber sô werlîche,
des gêret ist rœmesch rîche
und daz Terramêr von Muntespîr
manegen amazûr und eskelîr,
15 die mîne genôze wâren,
mac suochen ûf den bâren.
    nû habet ir, herre, an mir getân,
daz arme und rîche, iuwer man,
an mir suln nemen bilde,
20 die ligent ûf disem gevilde
und dar zuo, die dâ heime sint.
wære ich, herre, iuwer kint,
mîn vlust möhte iu niht nâher gên.
ir welt iu selben an mir gestên.
25 ich hân vil rehte iu gesaget,
wie diu zimierde ist bejaget,
der schilt und daz kursît:
und des wâpenroc noch gît
alsô kostebæren schîn,
30 des selben was ouch Volatîn.'
208   manegen dûhte sîn arbeit grôz:
durch daz si smæres niht verdrôz,
die dâ sâzen unde stuonden,
wande si selten ie bevunden
5 ze keiner slahte stunde
lüge von sînem munde.
der künec was der râche vrô.
ouch sprach diu künegîn alsô:
'daz in heidenschaft doch etslîch wîp
10 des klâren Vîvîanzes lîp
mit mir sol beriezen,
des muostû geniezen,
bruoder, immer wider mich,
und daz dîn manlîch gerich
15 ouch an den hôhen ist geschehen,

sô daz dich Tîbalt hât gesehen
ze wern rœmesch êre,
und daz dû Terramêre
vergülte alsô sîn übervart
20 mit sînem schaden ungespart.
die vürsten und ander sküneges man
die vuoren ze herbergen dan.
si wâren ze hove aldâ beliben,
unz si den âbent hin vertriben:
25 etslîche wâren durch schouwen
dar komen vür die vrouwen,
etslîch ouch sus durch mære.
wer jener und dirre wære?
ob ich des habe vergezzen,
30 des vrâct ir ummesezzen.

209   des morgens, dôz begunde tagen,
hie die karrûne, dort der wagen,
der hôrte man vil dâ krachen.
regen und ûf machen
5 sich daz her begunde.
an der selben stunde
dâ wart von den gesten,
den êrsten und den lesten,
al die strâzen gein Orlens beriten.
10 vil banier mit tiuren sniten
dâ kom an allen sîten,
als ob dâ ritter sniten,
dem künege und dem markîs.
etslîche kômen durch ir prîs,
15 etslîche hetens vor gesworn,
durch daz ir reht niht wære verlorn.
der markîs mohte âne zol
durch Orlens nû rîten wol:
in habete nû dâ niemen zuo.
20 es was von êrste in ouch ze vruo.
doch erwarp er in sküneges hulde
und daz schulde wider schulde
stuont um des rihtæres tôt
und daz âne schulde nôt

25 sîn eines lîp von in gewan.
   mit ir schaden schiet er dan
   und berlîch ûf ir koste
   in strîte und mit der tjoste,
   diu Arnalden valte nider:
30 si bekanden schiere ein ander sider.
210   rois Lôîs was ouch rœmescher voget:
   von dem wart daz niht vür gezoget,
   dô er hin zOrlens was komen,
   sîns soldes wart dâ vil genomen
5 und willeclîch von im gegeben.
   er sprach zin allen: 'muoz ich leben,
   ich rîche iuch um diz ungemach.'
   zal den werden er sus sprach
   und sunder zuo den vürsten:
10 'nû sît in den getürsten,
   daz ir mant ellens iuwer man.
   allez daz ich hiute hân,
   daz sî mit iu gemeine.
   vil gerne ich iu bescheine,
15 daz ich mich triuwen hin ziu versihe
   und mîner helfe wider gihe.
   iuwer keiner habe daz vür leit
   und merkez ouch niht vür zageheit,
   ob ich hie belîbe.
20 an mîn eines lîbe
   liget niht wan eines mannes trôst:
   ir werdet sus al baz erlôst,
   ob iuch kummer twinget.
   al nâher ir gedinget.
25 muget ir niht haben veltstrît,
   diu marke hât vil bürge wît:
   gebet ûz den porten ritterschaft.
   ir wizzet wol mîn besten kraft
   hinder mir ze tiuschen landen:
30 ich lœse iuch schier von banden.
211   mîn êre und ouch mîn liebez her
   und dar zuo sîn selbes wer
   bevilhe ich sîner manheit,

in des helfe mir grôziu leit
5 an wîbes mâgen sint getân,
der ich immer mangel hân.
swâger, gêt her nâher mir.
ich weiz nû lange wol, daz ir
wol kunnet her leiten.
10 ich wil iuch hie bereiten
mîns gebotes und mîner gewalt.
die ze keiner helfe sîn gezalt
ûf dise vart dem rîche,
die bitet al gelîche,
15 die hôhen und die nidern,
daz si mîn gebot niht widern,
al mîne massenîe.
der dienstman und der vrîe,
marschalke, al die ammetliute,
20 ich bevilhe iu allen hiute
den markîs an mîner stat,
der mich durch kummer helfe bat.'
    dô sprach diu küneginne:
'gan mir got der sinne,
25 swer mînem bruoder nû gestêt,
swaz den immer ane gêt
mit kummerlîcher tæte,
mîn herze gît die ræte,
daz ich daz wendec mache
30 mit helfeclîcher sache.'
212   des ze Munlêûn was ê gesworn,
daz was hie zOrlens niht verlorn:
die vürsten sunder niht verdrôz,
si enspræchen, einem ir genôz
5 dem wæren si gerner undertân
denne keinem süneges ammetman.
ein marschalc solde vuoter geben:
die des trinkens wolden phlegen,
die solden zuo dem schenken gên:
10 sô solde der truhsæze stên
bî dem kezzel, sô des wære zît:
'der kameræere sol machen quît

phant den, dies twinge nôt.
wir wellen des markîs gebot
15 gerne leisten und im warten
und den heiden wênec zarten.'
   der künec gap selbe srîches vanen
dem markîs und hiez in manen
daz her um Munschoie den ruof,
20 'der mînem vater Karle schuof
in strîte manec kobern.
die nidern und die obern,
ir strîtet berge oder tal,
sît gemant um sruofes schal.'
25 Heimrîch und sîniu kint
niht an der samenunge sint:
si endorfte niemen suochen dâ.
ieslîcher sich mit sunderslâ
alsô gein Ôransche erböt,
30 des vische in vürten lâgen tôt.

213 die vürsten und des küneges man
die nâmen urloup von dan
ze varn ûf die hervart.
   nû kom der junge Rennewart:
5 von arte ein zuht im daz geriet,
mit urloube er dannen schiet
von dem künege an einer stat aldâ,
vürbaz zer künegîn anderswâ.
diu junge künegîn sunder was
10 under boumen an einem gras:
dar begunde er durch urloup gên
und eine wîle vor ir stên.
wan daz mirz diu âventiure saget,
des mæres wære ich gar verzaget,
15 als ez im Alîze erböt:
si klagete sîne manege nôt,
die er in Francrîche hete erliten.
dar nâch begunde si in biten,
daz er ir vater schult verkür,
20 swaz der ie prîses gein im verlür:
'dû solt mit mînem kusse varn.

din edelkeit mac dich bewarn
und an die stat noch bringen,
dâ dich sorge niht darf twingen.'
25 diu maget stuont ûf: der kus geschach.
Rennewart ir neic und sprach:
'der hœste got behüete
iuwer werdeclîchen güete.'
den andern vrouwen wart ouch genigen,
30 gein in sîn urloup niht verswigen.

214   Willehalm den vürsten wol geborn
daz her ze meister hete erkorn:
doch vuor dâ manec sîn genôz
mit manegem sunderringe grôz
5 ûf velde und in walde.
si muosten gâhen balde:
des gerte, der si dâ vuorte,
wande in grôz angest ruorte
nâch Gîburge, der küneginne.
10 er vorhte, daz ir minne
Tibalt solde erstrîten.
zeinen sorclîchen zîten
der markîs mit den sînen
kom sô nâhen den Sarrazînen,
15 daz er mit sînen ougen sach,
daz im sîn herze des verjach,
mêr vlüste, denne er ie verlür:
und swaz er angest sît erkür,
dô er von Vîvîanze schiet,
20 und smorgens, dô sîn manheit riet,
vünfzehen künege manlîch erkant,
die enschumfierte sîn eines hant,
Tenabruns und der Persân,
swaz im die hêten getân
25 und der minnen gernde Tesereiz
und ander manec puneiz
(dâ wart er werlîch ersehen):
nû muoz sîn vreude dem jâmer jehen
und dem zwîvel rehter schumfentiur.
30 die nôt gap im bî naht ein viur.

V.

215   Ez næht nû vreude unde klage
und dem helflichen tage
und der künfteclîchen zîte,
daz der sorclîchen bîte
5 mit vreude ein ende wart gegeben,
dâ Gîburc inne muoste leben,
diu selbe dicke wâpen truoc.
wie vil ir vater des gewuoc,
daz er si wolde überkomen!
10   si sprach: 'ich hân den touf genomen
durch den, der al die krêatiur
geschuof, daz wazzer und daz viur,
dar zuo den luft und die erden.
der selbe hiez mich werden
15 und allez, daz lebehaftes ist.
solde ich durch Mahmeten Krist
und den markîs verkiesen
und mînen touf verliesen
und manege werdeclîche ger,
20 die under schilte mit dem sper,
mit helme verdecket,
sô dicke hât volrecket
der markîs mit heldes tât
und noch vil guoten willen hât
25 ze dienen nâch mîner minne?
ich was ein küneginne,
swie arm ich urbor nû sî.
zArâbîe und in Arâbî
gekrônt ich vor den vürsten gienc,
30 ê mich ein vürste ummevienc:

216   durch den hân ich mich bewegen,
daz ich wil armüete phlegen,
und durch den, der der hœste ist.
wâ vünde ouch Tervigant den list,
5 den êrste ervant Altissimus?
der pôlus antartikus
und den andern sternen gap ir louft,
durch den hân ich mich getouft.
derz firmamentum an liez
10 und die siben plânêten hiez
gein shimeles snelheit kriegen,
sîn wâge kan niht triegen,
diu al daz werc sô ebene wac,
daz ez immer stæte heizen mac
15 und immer unzeganclîch.
sint iuwer gote dem gelîch,
der den luft wol wider væhet
und al sîn dinc sô spæhet,
mit vluzze ursprinc der brunnen,
20 und der drî art der sunnen
gap, die hitze und ouch den schîn:
si muoz ouch ûf der verte sîn,
daz si nimt und bringet uns daz lieht.
swaz mir durch den got geschiht,
25 der des alles hât gewalt,
gein dem schaden bin ich balt:
der mac michs wol ergetzen
und slîbes armuot letzen
mit der sêle rîcheit.
30 ir verlieset michel arbeit,
217   dû vater und mîne mâge,
daz ir lîp und êre en wâge
lât durch Tîbaldes rât,
der deheine vorderunge hât
5 von rehte ûf mich ze sprechen.
waz wiltû, vater, rechen
an dîn selbes kinde?
bî tumpheit ich dich vinde.’
‘ach ich vreuden armer man,

10 daz ich solh kint ie gewan,'
   sprach Terramêr der rîche,
   'daz alsô herzenlîche
   an sîner sælde kan verzagen
   und sich den goten wil entsagen!
15 ei süeziu Arâbel, tuo sô niht.
   swaz dir ie geschach oder noch geschiht
   von mir, daz ist mîn selbes nôt:
   jâ gienge ich vür dich an den tôt.
   daz ruoche erkennen Mahmete,
20 daz ich durch Tîbaldes bete
   ungerne ûf dînen schaden vuor,
   unz michs bî unser ê beswuor
   der bâruc und die êwarten sîn:
   die gâben mirz vür sünde mîn,
25 daz ich dich tæte lîbelôs.
   mîn triuwe ich doch sô nie verkôs,
   ich hete dich zeinem kinde.
   ob ich dich bî sælden vinde,
   sô êre dîn geslehte
30 und tuo den goten rehte.'
218   'ei vater hôch unde wert,
   daz dîn muot der tumpheit gert,
   daz dû mich scheiden wilt von deme,
   der vroun Êven gap die scheme,
5 daz si alrêst verdacte ir brust,
   dâ was gewahsen ein gelust,
   der si brâhte in arbeit,
   in stiuvels gesellekeit,
   der unser immer vâret.
10 dû bist wol sô bejâret,
   daz dû der wîssagen zal
   bekennes um Adâmes val.
   Sibille unde Plâtô
   die hôhen schulde uns kündent sô.
15 Êve al eine schuldec wart,
   dar um die helleclîchen vart
   Adâmes geslehte vuor iedoch:
   wan Hêlîas und Ênoch,

die andern muosten alle queln.
20 dâ enkunde sich niemen von versteln.
wer was, der si lôste dan
und der die sigenunft gewan,
daz er die helleporten brach,
und der Adâmes ungemach
25 erwande? daz tet diu trînitât.
der sich einen selbe dritten hât
ebengelîch und ebenhêr,
sih, der erstirbet nimmer mêr
durch man noch wîbes schulde.
30 nû wirp um sîne hulde.'

219　　dô sprach der von Tenabrî:
'den einen möhten doch die drî
vor dem tôde hân bewart.
er jach, ûz israhêlscher art
5 wære er von einer maget erborn:
hân ich dich durch den verlorn,
den sîn selbes künne hienc
und unprîs an im begienc,
zuo dem hân ich kleinen trôst,
10 daz unser vater würde erlôst,
Adâm, von hellebanden
mit menneschlîchen handen.
diu helle ist sûr unde heiz:
manegen kummer ich dâ weiz,
15 daz ist mir von den goten kunt.
daz mac volsprechen nimmer munt,
wie trûreclîchen ez dâ stêt.
sol Jêsus von Nâzarêt
die porten hân gebrochen,
20 waz ist an mir gerochen
mit dem ungelouben dîn?
bekêr dich, liebiu tohter mîn.'
　　'ich hœre wol, vater, ez ist dir leit.
dô Jêsuses mennescheit
25 der tôt am kriuze müete,
innen des sîn leben blüete
ûz der gotlîchen sterke.

lieber vater, nû merke:
innen des diu mennescheit erstarp,
30 diu gotheit ir daz leben erwarp.
220 möhten hôher sîn nû dîne gote,
sô wolde ich doch ze sînem gebote
unz an den tôt belîben,
der ie werden wîben
5 vor ûz ir rehtes alsô verjach,
daz man in dienestlîchen sach
under schiltlîchem dache
bî solhem ungemache,
dâ man den lîp durch wirde zert
10 und dem laster von dem prîse wert.
mir sagete ouch selbe Tîbalt,
daz der markîs manegen walt
zer tjost vertæte mit den spern.
der begunde ouch mîner minne gern,
15 dô in der künec Sinagûn,
Halzebieres swestersun,
in einem sturme gevienc,
dâ sîn hant alsolhe tât begienc,
daz er den prîs ze beider sît
20 behielt aldâ und alle zît.
diu hôhe wirde sîne
über al die Sarrazîne
was erschollen und erhôrt.
dô was ich küneginne dort
25 und phlac vil grôzer rîcheit.
sus lônde ich sîner arbeit:
boien und von anderm sînem versmiden
machte ich in ledec an allen sînen liden
und fuor in toufbæriu lant.
30 ich diene im und der hœsten hant:
221 mîns toufes schône ich gerne.
Tîbalde ich Todjerne
lâze, dâ dû mich krôntes.
dannoch dû, vater, schôntes
5 dîner triuwe, dô daz selbe lant
ze heimstiur mir gap dîn hant.
wiltû Tîbalde volgen,

dû muost mir sîn erbolgen.
nâch sînem erbeteile
10 er vüert dîn êre veile.
er giht ouch ûf Sibilje:
daz liez im Marsilje,
sîn œheim, den Ruolant ersluoc.
hie dishalp mers er saget genuoc,
15 daz er vür erbeschaft sül hân:
sît dîn veter Bâligân
den lîp verlôs von Karle,
halp Prôvenze und Arle,
er giht, daz sül er erben.
20 wiltû durch lüge verderben
dîn triuwe an dîn selbes vruht,
ouwê, waz touc dîn aldiu zuht?
dû verwürkes an mir al dîn heil.
mahtû Todjerne, mîn erbeteil,
25 Tîbalde und Ehmereize geben,
und lâz mich mit armuot leben.'
      diz gespræche ergienc in einem vride.
der künec Tîbalt hin zer wide
Arâbeln dicke dreute:
30 Ehmereiz in drumme steute.
222   Terramêr der warp alsô:
hiute vlêhen, morgen drô
gein sîner lieben tohter.
mit deheinen dingen mohter
5 si des überlisten,
si enwolde Ôransche vristen
und ir lîp und ir kranken diet
unz an in, der von ir schiet
nâch helfe an den rœmeschen voget.
10 mit arbeit hete siz vür gezoget,
unz des daz her durch nôt verdrôz.
der smac von tôten was dâ grôz
und sus von manegen âsen.
nû hete ouch vil der mâsen
15 diu veste Ôransche emphangen
mit würfen von den mangen

und von den drîbocken.
si enspilten niht der tocken:
ez galt ze beider sît daz leben.
20 die wîsen, shers râtgeben,
rieten Terramêre
eine wîle die dannenkêre,
sît wære verwüestet al daz lant
und ninder werlîchiu hant
25 dâ wære wan in der einen stat.
daz her in al gemeine bat,
er solde kêren gein der habe:
sô si genæmen spîse drabe
und si der luft erwæte,
30 ob er sis danne bæte,
223 si herbercten dar wider vür
und tætenz mit gemeiner kür.
daz erloupte in der von Tenabrî
und jach, er wolde dâ wesen bî,
5 daz ê ein sturm geschæhe,
sô man die naht ersæhe.
des âbents dô man die sterne ersach,
dô huop sich Gîburge ungemach.
beidiu der und dirre,
10 slingære, patelierre,
sarjande und schützen,
der stete die unnützen,
und über al diu ritterschaft,
die erhuoben mit gemeiner kraft
15 einen sturm bî der naht.
des wart Glôrjete in angest brâht,
zÔransche der liehte palas.
vor viur man noch wîp genas
der getouften in der ûzern stat.
20 Giburc ir kleinez her dô bat
die innern Ôransche behalden.
die jungen mit den alden
kêrten dan gein Alischanz,
dâ Mîle unde Vîvîanz
25 ûfe wâren gelegen tôt.

nû ersach die herzebæren nôt
der markîs under sînem her,
daz der himel und daz mer
beidiu wâren viurec var.
30 si pruovten unde nâmen war,
224   genuoge, denz niht was bekant,
gein welhem orte in daz lant
daz starke viur möhte sîn,
ob dâ lægen die Sarrazîn.
5   der markîs sagete in rehte dô:
'mirst mîn dinc nû komen alsô,
daz ich bedarf deheines zagen.
ich muoz mit helden prîs bejagen:
nû, Franzoisære, tuot ellen schîn.
10 ei vater und die bruoder mîn,
daz ir hie bî mir niene sît
und daz ich âne iuch disen strît
noch hiute muoz versuochen!
wil mîner manheit ruochen,
15 der durch uns an dem kriuze was
und der al sterbende genas,
swar Gîburc vert, dar kêre ouch ich.
diu wolde behalden unz an mich
Ôransche und ist nû drabe genomen.
20 ich möhte ir lîhte enzît sîn komen.
die vürsten sîn des hie gemant,
wie der rœmesche künec iuch hât gesant
ze wern rœmesch êre.
nû ensûmet iuch niht mêre,
25 wâpent ors unde lîp,
helfet des, daz mir mîn wîp,
diu klâre Gîburc hie bestê.
ich wil vor iu komen ê
zen vînden, schouwen ir gelâz.
30 ir endurfet iuch niht scharn baz
225   wan ie die storje, dise und die.
wir suln dort unde hie
mit einem buhurt an si komen.
si habent mit schaden wol vernomen,

5 daz wir baz kunnen mit ritterschaft:
waz danne, ob grœzer ist ir kraft?
sô suln aber wir mit sælden sîn.'
balde wart im Volatîn
gezogen: er huop sich an die vart,
10 mit im sîn vriunt Rennewart
und swer an sînem ringe lac.
   innen des gienc ûf der tac.
dâ wart vil pusîne erschalt
und tambûren ungezalt.
15 Franzoisære die werden
wolden rœmescher erden
an der heidenschaft den prîs bezaln.
hie an bergen, dort an taln
sach man rotte brechen vür,
20 die banier in der mâze kür,
als al die stûden sîdîn
wæren: dannoch die helme schîn
gâben unverdecket.
   dâ wart hin nâch getrecket
25 mit maneger sunderstorje grôz.
die vürsten sunder niht verdrôz,
si enmanden ellens vaste ir man.
dô gâhten vür ein ander dan,
die man dâ wert erkande,
30 ritter, sarjande.
226   der marcgrâve gâhte
ze vorderst, unz er nâhte
dem viur, daz im herzenleit
gap. al sîn heilekeit
5 möhte im siuften hân erworben:
er wære vor leide erstorben
des morgens, wan sîn manlîch art.
durch den rouch er innen wart,
daz dannoch stuont sîn palas,
10 dâ von geflôrieret was
Ôransche und al diu marke.
Rennewart der starke
hete im ze vuoz gevolget dan:

über al sîn her kein ander man
15 vuor im dâ sô nâhe bî.
Terramêr von Tenabrî
und Fâbors von Meckâ
daz gesez gerûmet hêten dâ
und al die künege und die eskelîr
20 wâren mit dem von Muntespîr
dannen gekêret gein der habe:
dô kurn si durch den rouch her abe,
daz kom des marcgrâven her.
die heiden wâren gein dem mer.
25   dô wânde diu unverzagete
Gîburc, dô manz ir sagete,
si wolden wider kêren
und aber ir schaden mêren.
harnas muoste wider an ir lîp:
30 manlîch, ninder als ein wîp

227   diu künegin gebârte.
der ir schaden wênec vârte,
der markîs ûf Volatîn
kom und der geselle sîn
5 Rennewart mit im ze vuoz.
durch manegen rouch er kêren muoz,
dâ die herberge wâren an gezunt.
Rennewart sach dâ ze stunt
vil ebenhœhe und mangen.
10 mit sîner grôzen stangen
wære er gerne nâch der heiden her.
nû stuont vrou Gîburc ze wer
mit ûf geworfenem swerte,
als ob si strîtes gerte,
15 und bî ir Steven ir kapelân
und ir juncvrouwen sô getân,
daz si wâren harnasvar.
daz inner volc gemeine gar
gâhten an die zinnen.
20 der markîs wart innen,
daz etswer drinne lebete.
gein der porte er strebete:

dâ wart von sînem munde
der heile und der wunde
25 minneclîch gegrüezet.
dannoch was in ungebüezet
vil angest, der si phlâgen.
si wolden aber wâgen
ir lîp werlîch unz an den man,
30 der güetlîch die stat gewan.

228   der selbe hielt ouch vor in dâ:
hete er gehalden anderswâ,
daz wære in allen liep gewesen,
die noch drinne wâren genesen.
5   er rief hin an die zinne:
'lebet noch diu küneginne?'
und vrâcte, wiez dâ stüende.
si enheten deheine künde,
daz slandes herre zuo in sprach.
10 diu künegîn Gîburc dô ersach
den wâpenroc und Volatîn.
her abe sprach diu künegîn
heidensch: 'herre, wer sît ir,
daz ir sus nâhe haldet mir
15 und daz âne vride tuot?
ir habet alze hôhen muot:
ir muges wol schaden emphâhen.
ich wil iu vürbaz nâhen
und kündeclîcher werden kurc.'
20 'ei wâst diu klâre Gîburc?
saget mir, ist diu noch gesunt?'
von sîner stimme wart in kunt,
daz der rehte wirt was komen.
von sîner kunft was in benomen
25 vil angest, der si phlâgen ê.
nû wart durch liebe alsô wê
Gîburge, diu durch vreude erschrac,
daz si unversunnen vor in lac:
wan ir kom genendeclîche
30 vil helfe ûz Francrîche,

229   die besten ritter, die man vant

in der rehten ritterschefte lant.
　　Gîburc noch unversunnen lac.
den markîs erlangen mac,
5 daz niemen im die porte ûf tuot:
diu was mit slôze alsô behuot,
ob iemen wolde wenken
dort inne und überdenken
sîne triuwe durch miete,
10 swelh vîent daz geriete,
daz ez im vrumte niht ein hâr.
Gîburc vür den selben vâr
der bürge slüzzel selbe truoc.
die wâren spæhe alsô genuoc:
15 den list noch lützel iemen kan.
bî einer wîle si sich versan
und gâhte hin gein der porte,
dâ si ir besten vriunt hôrte:
mit vreuden wart er lâzen în.
20 　si enhete ouch niht sô liehten schîn,
als dô er von ir schiet,
als im ir süezer munt geriet,
der dâ vil geküsset wart.
ouwê, daz ein sô rûher bart
25 sich immer solde erbieten dar!
doch was si selbe harnasvar,
daz diu maget Karpîte
vor Laurente in dem strîte
noch Kamille von Volkân,
30 ir newederiu hetez sô guot getân.
230 　Gîburc streit doch zorse niht:
diz mære ir anders ellen giht,
daz si mit armbrusten schôz
und si grôzer würfe niht verdrôz
5 und ir wer mit liste erscheinde.
ir tôtez volc si leinde
gewâpent an die zinnen
und ruortez sô mit sinnen,
daz ez die ûzern vorhten.
10 die diu antwerc gein ir worhten,

arbeit hete si verselwet nâch.
  an Rennewarten si dô sach.
dô der die grôzen stangen,
die starken und die langen,
15 sô dicke warf von hant ze hant,
si sprach: 'wer ist der sarjant?
sul wir iht angest gein im hân?
er ist sô wiltlîch getân.'
der markîs sprach hin ze ir:
20 'disen knappen den gap mir
der ræmesche künec und helfe grôz.
vil manec vürste mîn genôz
gâhent dâ vaste zuo zuns her
mit alsô helfeclîcher ger,
25 hânt des die vînde hie gebiten,
von Franzoisen wirt gestriten,
daz ez die engel möhten hœren
in den niun kœren
und daz ez mîn mâge rechen sol.
30 wære tal und berc der heiden vol,
231   die müesten strît emphâhen.'
die künegîn dructe er nâhen
an sîne brust und klagete ir nôt.
  den andern erz mit rede erbôt,
5 die bî ir drinne wâren genesen.
er sprach, die müesten immer wesen
teilnünftec, swes er möhte hân,
ez wære wîp oder man,
juncvrouwe oder ander maget,
10 'diu mir her nâch die nôt klaget,
als ir durch mich habet gedolt
und iuwer dienst an mir erholt,
beidiu mîn guot und mîn lîp.
ir habet ernert mir ditze wîp
15 und Ôransche dise burc behalden.
muoz ich der marke walden,
ich rîche iuch immer, unz ich lebe,
sô mit lêhen, sô mit gebe.'
Gîburc diu triuwen rîche

20 stuont dennoch werlíche,
si und ir juncvrouwen.
der wirt wol mohte schouwen
harnas, daz er an in vant.
dâ der lendenierstric erwant,
25 etlíchiu hete ein senftenier,
der noch ein solhez gæbe mir,
daz næme ich vür ein vederspil.
nû was dâ gestanden vil.
diu künegîn des niht vergaz,
30 des landes herren vürbaz
232   si vuorte zeiner kemenâten în
und hiez behalden Volatîn.
bî dem orse Rennewart beleip:
ungerne in iemen dannen treip,
5 unz erz gestalte schône.
dâ von Samargône
ein insigel was gebrant
an sorses buoc, daz er dâ vant,
dar nâch was Arofeles schilt.
10 den knappen hete gar bevilt,
und hete er sich versunnen,
wie daz ors wart gewunnen.
dô entwâpende sich diu künegîn.
der markîs wolde dennoch sîn
15 in sînem harnas beliben.
si sprach: 'dîn kunft hât vertriben
mînen vater gein der habe.
dû solt daz harnas ziehen abe
und lâz dich niht betrâgen,
20 enbiut dînen mâgen
und den, die dir ze helfe komen,
hie haben urloup genomen
die heiden eine wîle,
ich enweiz wie manege mîle:
25 mînem garzûn was ir reise kunt.
der volcte in unz an Pitît Punt:
der giht, si gâhen vaste hin.
mit vlust ich innen worden bin

ir kunft und ir letze.
30 daz michs noch got ergetze!
233　er tuot ouch, sît diu triuwe dîn
　　und dîn manlîch ellen ist sô schîn,
　　daz dû mich hie erlœset hâs.
　　nû sih, daz dû des niht enlâs,
5 dû enschaffes dînen wartman.
　　mîn vater manege liste kan:
　　nû hüete, daz sîn hâlschar
　　dîn her mit schaden iht ervar.’
　　　der markîs sprach hin ze ir:
10 ‘mahtû gewinnen boten mir?
　　die suln den Franzoisen sagen,
　　daz si niht ze sêre klagen,
　　daz uns die heiden sint entriten.
　　er sol die vürsten sunder biten,
15 beidiu jene unde dise,
　　daz si sich legen an eine wise:
　　dâ kum ich selbe schiere zin.’
　　ein bote balde vuor dâ hin
　　und nâch den vînden warte:
20 si gâhten beide harte.
　　dô entwâpende sich der markîs
　　und nam ouch war, wie durch ir prîs
　　die Franzoisære gâhten zuo
　　(dannoch was ez harte vruo)
25 mit maneger storje sunder.
　　die werden nam des wunder,
　　war die vînde wæren komen:
　　schiere heten si vernomen
　　von dem boten, der in was gesant,
30 daz ir deheiner strît dâ vant.
234　Franzoisære loschierten.
　　die vürsten sunder zierten
　　ir ringe, als ez in tohte:
　　ir deheiner doch enmohte
5 gelîchen der heiden ringe wît.
　　mit manegem tiuren samît
　　daz velt was ê bevangen

ûf der heiden zeltstangen.
die von Francrîche
10 ouch nû lagen ritterlîche:
ir gezelt wâren gesniten
wol nâch kostebæren siten.
    der markîs sprach zer künegin:
'vrouwe, daz wære uns ein gewin
15 an willekeit der liute,
ob wir si möhten hiute
ze wirtschaft gesetzen
und ir arbeit ergetzen
hinne ûf mînem palas.
20 etswenne ich sô berâten was:
nûst liute und spîse mir verbrant,
daz ich der wênec hinne vant.'
diu künegîn sprach: 'wir hân genuoc
(mirst liep, daz es dîn munt gewuoc)
25 von trinken und spîse alsolhe kraft,
al mînes vater ritterschaft,
ob wirz in niht wolden wern,
si enmöhtens wochen lanc verzern.'
si schuof dar zuo, dies kunden phlegen.
30 in den venstern wart gelegen

235   von im und von der vrouwen.
si wolden vriunt schouwen:
man kôs dâ wol und muoste in jehen,
si heten vînde vil gesehen.
5   Franzoisære die quecken
mit der heiden barnstecken
niuwiu gezimmer worhten.
dennoch wâren die unervorhten
niht komen, die smarcrâven leit
10 sô truogen mit gesellekeit,
daz si nâmen gelîche phlihte
der vlüstebæren geschihte,
diu ûf Alischanz geschach.
diu künegîn Gîburc ersach
15 manegen ungevüegen stoup,
daz der wint melm und loup

ûf al gelîche vuorte,
dâ manec storje ruorte
diu ors mit sporn durch gâhen zuo.
20 si sprach: 'ouwê, waz tuo wir nuo?
sih herre, dort kumt Tîbalt.
daz velt und der kurze walt
dunket si al gelîche sleht.'
der wirt sprach: 'daz ist ir reht:
25 sî wænent, wir sîn den vînden bî.
dâ kumt Buov von Komarzî
von sînem lande her gevarn.
got mac uns wol vor den bewarn:
der selbe und al die sîne
30 ouch klagent die mâge mîne.'

236   Franzoisære tâten nâch ir siten.
etslîche baneken wâren geriten
durch kurzwîle mit vederspil:
sô gâhten derhalp knappen vil
5 ûz dem her durch den woldan.
nû wâren ouch Buoven wartman
komen und vunden vriunde dâ:
die vînde wâren anderswâ.
die komenden zuo den êrsten dô
10 sich legeten: des was Gîburc vrô.
unlange daz dô werte,
unz si von manegem swerte
und von den schilten blicke
durch grôzen stoup sach dicke.
15 si sprach: 'wer sint die komenden dort?
dû hôrtes wol hiute mîniu wort:
vür die hâlscharlîchen tât
soltû merken mînen rât.
der künec von Marroch Akerîn
20 getar wol bî den vînden sîn
und ander mînes vater her:
dâ gegen schaffe dîne wer.'
der markîs ir dô sagete:
'dâ kumt der unverzagete,
25 mîn bruoder Bernart von Brûbant.

des sun ich dicke bî mir vant,
Berhtramen, der mînen vanen truoc,
dâ man mir Vîvîanzen sluoc,
der wil hie rechen nû sîn kint
30 und al die mit im komen sint.'
237 die selben aber dô phlâgen,
daz si zuo den êrsten lâgen.
herbergen ist loschieren genant.
sô vil hân ich der sprâche erkant:
5 ein ungevüeger Schampâneis
kunde vil baz franzeis
danne ich, swie ich franzois spreche.
seht, waz ich an den reche,
den ich diz mære diuten sol:
10 den zæme ein tiuschiu sprâche wol.
mîn tiusche ist etswâ doch sô krump,
er mac mir lîhte sîn ze tump,
den ichs niht gâhes bescheide:
dâ sûme wir uns beide.
15 des markîs her sich breite.
gewâpent dar zuo leite
manege storje strîteclîche
Heimrîch der rîche,
von Naribôn der alde.
20 der ie sîn dinc sô stalde,
daz sîn habe was gemeine,
er kom ouch dâ niht eine.
sich muosten stûden neigen,
dô der begunde zeigen,
25 wie rehte strîteclîch er reit
mit verdrungener schar breit.
er wolde selbe ervinden,
ob under sînen kinden
deheinez bekummert wære.
30 dô kômen im diu mære,
238 daz die Sarrazîne
Ôransche von grôzer pîne
ledec heten lâzen,
daz die wæren ir strâzen.

5 Giburc sach ir sweher komen.
 si sprach: 'hâstû war genomen,
 wer aber jene komende sîn?'
 er sprach: 'daz ist der vater mîn
 und ist genendec al sîn diet,
10 als er in selbe ie dicke riet.'
 Heimrîches marschalc kom gevarn,
 zuo den vor komenden scharn
 leite er sîne herren,
 die komenden zuo den erren.
15   des wirtes bruoder Berhtram
 dô kom, als ez wol vürsten zam,
 und sîn ander bruoder Gîbert.
 die vuorten manegen ritter wert:
 ir her kom mit sunderslâ.
20 ouch kom die dritte strâze aldâ
 an der selben stunde
 Arnalt von Gerunde.
 si wâren die vart alsô gelegen:
 ir neheiner mohte des gephlegen,
25 er enwære dem andern gar benomen,
 daz er im ze helfe möhte komen.
 von hûse und sunderm lande
 ieslîcher âne schande
 in sîns bruoder helfe was geriten:
30 si liezen des ir triuwe biten.
239   Giburc nam ir aller war,
 daz driu grôziu her mit sunderschar
 dar kômen vil nâch gelîche,
 die alle ritterlîche
 5 der markîs ir nande,
 daz diu vrouwe wol bekande
 ieslîchem her sînen houbetman,
 dâ von si vreuden vil gewan.
    ez hete daz viur gemachet:
10 gestrichen und gewachet
 der vater, diu kint, ieslîches her,
 die naht heten durch die wer,

ob es dem markîs wære nôt.
ir manheit in daz gebôt:
15 si wâren wol sô genendec,
ieslîcher vaste unwendec
gâhte gein dem viure.
durch manheit âventiure
ieslîcher sandern vorhte,
20 dô der heiden sturm sô worhte
Gîburge nôt mit rôste,
wer dem und dem ze trôste
kœme mit poinders hurte.
ieslîcher drumme vuorte
25 gewâpent ors und harnas gar.
si gâhten gein ein ander dar:
wære ein buhurt dâ erhaben
an ungeverte oder an graben,
ieslîcher kom mit solher kraft,
30 daz er al der heiden ritterschaft
240   hete an der enge wol gestriten.
nû wart ûf Alischanz gebiten
Vîvîanzes râche zîte:
dâ vunden si die wîte.
5 rîchlîche herbercten dise
ûzerhalp sgesezzes an die wise,
aldâ die heiden wâren gelegen:
dâ was gemaches gar verphlegen
von rouche und von smacke.
10 ein naselôser bracke
wære wol ze verte komen dâ:
sô breit was Terramêres slâ.
    nû sach man komen eine diet,
diu sich von ellen nie geschiet,
15 mit zestochen schilten und zehurt.
ûz der rehten manheit geburt
was, der dise hête brâht.
er was gestrichen ouch die naht
und was den heiden nâch geriten.
20 den hete er alsô mite gestriten,
ir beleip dâ maneger vor im tôt,

ouch muoste er von in komen mit nôt.
si muosten zinsen im ir habe:
manegen soum brach er in abe,
25 ors und anders, swaz dâ was.
rois Schilbert von Tandarnas
durch den jungen dar was komen.
si heten beide solt genomen,
die zwêne kummerhafte man,
30 von den Vênêzjân

241 zeinem urliuge ûf den patrîarc
von Âglei, der sich niht barc,
er engæbe in strîtes übergelt
und encte in wazzer unde velt
5 ûf lande und in barken,
dâ muosten sande Marken
Vênêzjâne mit solde wern
und durch den kummer vil verzern.
von dan was er gestrichen her
10 durch sîner werdekeite ger.
      er hete der heiden überkêr
alsô vernomen, daz Terramêr
vuorte swaz unz an Kaukasas
der werden und der besten was:
15 gein dem streich er durch sînen prîs.
ez was Heimrîch der schêtîs.
sîn manheit mohte erbarmen,
daz man in hiez den armen:
ouch müete daz sîn edelkeit.
20 er enhete der erden niht sô breit,
als ein gezelt möhte ummevân:
niht ander urbor mohte er hân,
wan als der unverzagete
an den vînden bejagete.
25 sîn zeswiu hant wuohs um den schaft.
er hete zer tjoste guote kraft:
sîn lîp entwarf sich undern schilt,
swaz mâlære nû lebendec sint,
ir ougen, pensel und ir hant
30 ist solh geschickede unbekant.

242   sus kom der werde jungelinc
   geriten an sîns vater rinc
   mit verhurten wâpenkleiden.
   doch heten si den heiden
 5 abe gebrochen rîchen solt.
   des wâren in die getouften holt.
   sich vreute der alde Heimrîch,
   daz im sô rehte manlîch
   was komen der puover schêtîs,
 10 des kurziu jâr sô manegen prîs
   hete mit ritterschaft bezalt.
   vor liebe wazzer wart gevalt
   ûz sînen ougen an diu wangen.
   er wart mit vreude emphangen
 15 von dem vater und von den bruodern sîn.
   dort oben sprach diu künegîn:
   'wes ist diu sunderstorje grôz?
   ir schiltriemen sint nacket blôz
   und unverdecket von den breten:
 20 si sint ze strîte etswâ gebeten.'
   der wirt sprach: 'ich enbekenne ir niht.
   mîn ouge ninder an in gesiht,
   dâ von si möhten sîn bekant.
   al ir banier, schilt und gewant
 25 ist verhurtet und zezart:
   si sint vor strîte niht bewart.
   einen bruoder ich noch hân
   bî den Vênêzjân:
   hât er den kummer mîn vernomen,
 30 der istz und ist durch manheit komen.'
243   sschêtîses volc ir soume entluot:
   ir manheit in daz selbe guot
   behabete gein der überkraft.
   gelîch was ir geselleschaft
 5 und sküneges, der durch in dâ was.
   den man dâ hiez von Tandarnas,
   dem bat er bieten êre:
   er engerte nihtes mêre,
   wan swer daz tet, des was er geil.

10 des werden Gahmuretes erbeteil
   was die jungen beide an komen:
   von ir vetern heten si genomen
   niht wan schilt unde sper
   und stuont nâch ritterschaft ir ger.
15 si heten harnas und anders niht:
   ir gezelte man dâ wênec siht.
      diu künegîn in dem venster lac:
   diu der geselleschefte phlac,
   des marcgrâven ummevanc
20 an sîne brust si dicke twanc.
   des was si guote wîle entwent
   und hete sich anders vil gesent.
   mir wære ein zageheit geschehen,
   ob ich ein wîp hete ersehen
25 sô küenlîch gestanden.
   mir wirt halt sus enblanden,
   sô ich ungewâpent wîp grîfe an,
   ob ich mit êren scheide dan.
   Gîburc was noch harnasvar:
30 er nams durch liebe kleine war.
244   den vürsten was daz kunt getân
   und andern ir werden man,
   si solden enbîzen in der stat.
   der markîs ûz den venstern trat.
 5 er sprach zer künegîn: 'des ist zît,
   ob mirs mîn vater volge gît,
   daz ich in bringe zuo dir her.
   zen andern vürsten ichs ouch ger:
   die soltû schône emphâhen.
10 nû heiz des balde gâhen,
   daz der palas an allen sîten
   mit senften phlûmîten
   sî beleget und teppeche vil dar vür,
   ûf diu phlûmît kultern von der kür,
15 daz man ir tiure müeze jehen,
   swer si hie ûfe ruoche sehen,
   von phellen, die geben liehten schîn.'
      er reit hin abe zem vater sîn.

　　den schêtîs er mit vreude emphienc,
20　der sich anders niht begienc,
　　schilt und sper gap im genuoc.
　　ich nenne iu sînen besten phluoc:
　　ze rehte er phlac der wâfen.
　　er verlôs niht an den schâfen,
25　daz der wolf erbeiz oder daz entran:
　　swâ stat oder burc verbran,
　　dâ verlôs er ninder schoup:
　　an al der sæte und an dem loup
　　dâ tet im kleinen schaden der schûr.
30　diu habe wart sînen liden sûr.

245　　　der markîs sînen vater bat
　　mit im enbîzen in der stat
　　und die zwêne geste sîn,
　　daz si gesæhen die künegîn
5　dort inne ûf sînem palas.
　　daz lobete der künec von Tandarnas,
　　den der schêtîs sîn bruoder brâhte.
　　den emphienc er in der ahte,
　　als ob im dienden elliu lant.
10　swaz er der kummerhaften vant,
　　die gruozte er und emphienc si sô,
　　daz si in ze sehene wâren vrô.
　　Heimrîch und iegeslîch sîn sun
　　under einem preimerûn
15　dâ vor im sâzen al zehant.
　　dô si der marcgrâve vant,
　　er emphienc si und bat si dâ nâch sehen
　　die künegîn: der wære geschehen
　　von ir künfte vreude grôz.
20　ir neheinen des verdrôz,
　　si ensæhen si durch werdekeit.
　　zen andern vürsten er dô reit,
　　die der rœmesch künec dar sande:
　　ieslîchen er sunder nande,
25　daz si mit im wæren gebeten
　　ûf sînen palas Glôrjeten.
　　im wære ein teil noch unverbrant,

swie wære verwüestet al daz lant:
des solden si mit im dâ leben
30 und er woldez in willeclîchen geben.
246   ûz dem her man die werden bat
vürbaz ze rîten in die stat.
der vürste et selbe vierde reit:
niht mêre was ir gesellekeit,
5 der hœsten, die si brâhten.
die grâvenz alsô ahten
und der bârûn in der grâven zil:
des dûhte iegeslîchen vil,
reit ein geselle mit im în.
10 si bâten die andern ritter sîn
ûf dem velde an ir gemach.
durch ir zuht daz geschach.
Franzeisære sint niht gîtec
und doch nâch prîse strîtec:
15 hete sis der wirt erlâzen,
si wæren wol in den mâzen,
daz si heten sîner spîse enborn.
si dûhte, dâ wære sô vil verlorn,
daz si dâ wênec vünden:
20 wes si sich solden sünden
dort inne an der vertwâlten diet.
ûz dem her ieslîcher alsô schiet,
daz niht ze grôz was sîn gezoc.
Gîburc mohte ir wâpenroc
25 nû mit êren von ir legen:
si und ir juncvrouwen megen
daz harnasrâm tuon von dem vel.
si sprach: 'gelücke ist sinewel.
mir was nû lange trûren bî:
30 dâ von bin ich ein teil nû vrî.
247   al mîne juncvrouwen ich mane,
leget iuwer besten kleider ane:
ir sult iuch feitieren,
vel und hâr sô zieren,
5 daz ir minneclîchen sît getân.
ob ein minne gernder man

iu dienst nach minne biete,
daz er sichs niht gâhes geniete
und daz im tuo daz scheiden wê
10 von iu, daz sult ir schaffen ê:
und vlîzet iuch einer hövescheit,
gebâret, als iu nie kein leit
von vinden geschæhe.
sît niht ze wortspæhe,
15 ob si iuch kummers vrâgen.
sprechet: ʻwelt irz wâgen,
sô enkêrt iuch niht an unser sage.
wir sîn erwahsen ûzer klage:
wan iuwer künfteclîcher trôst
20 hât uns vintlîcher nôt erlôst.
welt ir uns iuwer helfe wern,
sô muge wir trûrens wol enbern.ʼ
nû gebâret geselleclîche.
nie vürste wart sô rîche,
25 er enhœre wol einer megede wort.
ir sitzet hie oder dort,
parrieret die ritter iuch beneben:
den sult ir die gebærde geben,
daz iuwer kiusche in sî bekant.
30 bî vriundîn vriunt ie ellen vant:
248   diu wîplîche güete
gît dem man hôchgemüete.
ich wil mich selbe ouch machen klâr.
truoc ich verworrenlîchez hâr
5 und verdrucket vel von ringen,
die suln mich niht mêr twingen:
ich wil mich scheiden von dem râm,
den ich von harnase nam.ʼ
    vil schiere daz geschehen was,
10 daz die vrouwen und der palas
wünneclîch wâren an ze sehen.
man muoste den vrouwen allen jehen,
daz si truogen guot gewant.
in dem palas man alumme vant
15 vil teppeche und drûf diu phlûmît,

kultern drüber. nû was zît,
daz die vürsten riten în.
Heimrîches und der gesellen sîn
heten die andern gar gebiten:
20 der kom ze vorderst în geriten.
ir aller kleider wâren guot,
die ze sehene heten muot
die künegîn, des wirtes wîp.
ouch vunden si ir süezen lîp
25 gein in klærlîch aldâ.
von phelle von Alamansurâ
si beidiu roc und mantel truoc,
spæhe und tiure alsô genuoc,
hete in Sekundille Feirefiz
30 gegeben, niht kosteclîcher vlîz
249 möhte an den bilden sîn gelegen.
der mantel muoste offener snüere phlegen.
si truoc geschickede und gelâz,
ich wæne, des iemen kunde baz
5 erdenken âne die gotes kunst.
si bejagete et al der herzen gunst,
der lîbes ougen an si sach.
ir gürtel man hôher koste jach,
edel steine drûf verwieret,
10 daz er noch beidiu zieret
ir hüffel und ir sîten.
zetlîchen zîten
des mantels si ein teil ûf swanc:
swes ouge denne drunder dranc,
15 der sach den blic von pardîs.
    nû kom ir sweher (der was grîs)
und erbeizte vor dem palas,
mit im der künec von Tandarnas
und sîn jungester sun Heimrîch.
20 die zwêne dem lône wâren gelîch,
den minne etswenne nâch dienste hât.
den jungen künec doch niht erlât
Heimrîch von Naribôn,
sîner darkünfte gap er lôn

25 dâ mite: er hiez in vor im gên.
nû sâhen si Gîburge stên
gein den venstern an der wende.
Heimrîch an sîner hende
vuorte den künec Schilbert
30 gein der küneginne wert

250   und bat in küssen: daz geschach.
ir gruoz si gein ir sweher sprach
und wolde ouch den geküsset hân.
   dô sprach der wol gezogene man:
5 'vrouwe, des sul wir noch niht tuon,
ich noch dehein mîn sun,
è die vürsten, die iu vremder sint
danne ich und mîniu kint,
den kus von iu emphâhen.
10 wir ensuln uns niht vergâhen:
swaz ir uns danne zêren tuot,
dâ gegen habe wir dienstes muot.
uns ist vil êren von iu geschehen.
wir suln iu immer triuwen jehen:
15 wir haben an disen stunden
unverzagetlîch iuch vunden,
daz man Olivier noch Ruolant
nie genendeclîcher vant,
und ist ouch daz mit kiuschen siten.'
20 nâch der rede begunde er biten
die vürsten unde nande sie,
beide dise unde die,
beide ir namen und ir lant.
er vuorte ieslîchen mit der hant
25 gein sîner gedienten tohter.
niht baz mit zühten mohter
den antvanc gevüegen.
des mohte ouch si genüegen,
die vürsten und die werden gar.
30   nû wart diu vrouwenlîche schar

251   mit rittern undersezzen.
dâ enwart nû niht vergezzen,
nû Heimrîch und sîniu kint

von der künegîn emphangen sint,
5 ir sweher zuo zir saz dar nider.
sich huop ein niuwer jâmer sider,
dâ von ir ougen gâben saf.
daz süeze minneclîch geschaf,
ir antlitze, begozzen wart,
10 Heimrîches blanker bart
mit zehern ouch berêret.
er sprach: 'uns hat gelêret
iuwer triuwe und iuwer wîpheit,
vrouwe, daz unser herzenleit
15 mit vreuden wirt erwendet.
ir möhtet uns hân geschendet,
wæret ir niht stæte an uns beliben,
wir wæren ûz werdekeit vertriben:
und hetet ir mînen sun verkorn,
20 dâ mite wære diz lant verlorn
und Ôransche diu veste,
aller bürge diu beste,
diu von sturme manege nôt
emphienc, wan daz iu gebôt
25 iuwer triuwe und noch gebiutet,
daz iuwer prîs bediutet.
swes sich vriunt ze vriunde sol versehen,
des mac mîn sun der markîs jehen
und sîne mâge über al.
30 ir habet den tôtlîchen val
252   unsers künnes wol vergolden.
ob wir nû niht gerne wolden
dienen um iuwer hulde,
diu unverkorne schulde
5 solde immer unser sîn vor gote.
wir suln mit triuwen ziuwerm gebote
immer belîben, habe wir sinne.
ob mîn sun durch iuwer minne
ie sper ze vînde brâhte,
10 iuwer triuwe des gedâhte,
dô Terramêr durch Tîbalt
zÔransche kom mit gewalt

und iuch des hers vluot besaz,
daz iuwer güete dô niht vergaz,
15 ir habet der minne ir reht getân,
daz immer ellenthafte man
iuwers lônes suln gedenken
und niht ir dienstes wenken,
ob si werder wîbe minne gern.
20 vrouwe, ir sult mich des gewern,
daz ir durch den dienest mîn
und durch ander vürsten, die hie sîn,
gar iuwer weinen lâzet
und herzen sorge mâzet.'
25   ir hant in sîner hende lac.
diu künegîn kûme des gephlac,
ir weinenlîchez hischen
sich mit rede begunde mischen.
zir liepsten vater si dô sprach,
30 si sagete erkandez ungemach

253   und daz wît gemezzen leit,
beidiu sô lanc und ouch sô breit,
des al diu heidenschaft emphant
und daz alliu toufbæriu lant
5 des schaden nâmen phlihte.
si sprach: 'der mich von nihte
ze dirre werlde brâhte,
alze vruo er mîn gedâhte.
ich schûr sîner hantgetât,
10 der beide gemachet hât,
den kristen und den heiden!
ach waz vlust in beiden
an mir wuohs, beide in und uns!
sus hân ich, herre, iuwers suns
15 engolden und der wirde sîn,
daz iuwer mâge und die mîn
zem tôde ir werdeclîchez leben
hânt ze beider sît gegeben.
   hôch vürste in die werdekeit gedigen,
20 wie solde ich jâmer hân verswigen,
swenne ich den sæhe, des manlîch vruht

mit alsô ellenthafter zuht
gein vreuden was entsprungen?
ich klage den schœnen jungen
25 Vîvîanzen, der ze vorderst muoz
mînen siuftebæren gruoz
immer vür daz lachen hân.
waz hât der bitter tôt getân
an dem klâren süezen kiuschen vrebel!
30 al ander manne antlitze ein nebel
254 was, swâ sîn blic erschein.
den prîs truoc er vor ûz al ein:
sîn glanz was wol der ander tac.
swâ sîn lîp ûf Alischanz belac,
5 dâ möhten jungiu sünnelîn
wahsen ûz sînem liehten schîn.
ich enwil nû nimmer sô betagen,
ich enwelle den edeln Mîlen klagen
und ander, die wir hân verlorn.
10 ich wart zem jâmers zil erborn:
nû dinge ich, herre, an iuwer zuht,
sît vreude ûz mînem herzen vluht
hât, daz irz niht wîzet mir.
lât mich geniezen des, daz ir
15 sît manlîcher triuwe ein stam.
    nû hœrt, waz mir der tôt benam
ûf Alischanz der mâge mîn.
die sol von rehte ich klagende sîn,
swie si heten stoufes niht:
20 diu sippe vlust mir an in giht.
die sîne von im rîten bater:
under disem venster mir mîn vater
sagete, aldâ er weinde hielt
und der jâmer vreude von im spielt,
25 waz hôher mâge uns nam der tôt,
den diu minne her gebôt
noch mêre danne durch sîne bete.
an rois Tesereiz von Latrisete
der hôhen tôt huop er mir an.
30 wer mêr ûf Alischanz gewan

255   sîn ende von den getouften,
die ir leben gein in verkouften?
mîne mâge, die der tôt nam zim:
rois Pînel von Ahsim
5 und der süeze künec Tenabruns,
erborn von Liwes Nûgruns,
und Arofel von Persîâ
und Fausabrê von Alamansurâ,
mîn veter und mîner basen sun,
10 und der künec Turpîûn,
des lant hiez Falturmîê,
und der künec Kalafrê,
der truoc krône ze Kânach
(der minnen vlust an im geschach),
15 und der künec Noupatrîs.
ob der minne ie menneschlîchez rîs
geblüet, daz was sîn liehter schîn.
von Ôraste Gentesîn
hete in diu minne her gesant:
20 gezimieret man in tôten vant.
von Boctân rois Talimôn
sol den weinenlîchen dôn
künden in der heiden lant.
von Turkânîe rois Arfiklant
25 und rois Libilûn von Rankulat,
der zweier tôt der vreude mat
tuot in ir beider rîche.
nû geloubet sicherlîche,
drî und zweinzec künege sint dâ verlorn
30 und der ungezalt, die wâren erkorn
256   zeskelîren an vürsten krefte zil:
derst dâ belegen alsô vil,
daz ez niemen kunde erahten.
si enmugen sich niht betrahten,
5 waz emerâle und amazûr
iu hât benomen stôdes schûr.
et mîne mâge ich hân benant,
die mit werdem prîse ungeschant
unz an ir ende lebeten

10 und ir zît nâch wirde strebeten.
   mîns vater einvaldekeit
   geschuof, daz er mit kreften reit
   mit her ûf sîn selbes kint:
   swaz unser mâge durch mich sint
15 beliben, die hete er gar verkorn,
   wolde ich den touf hân verlorn
   und sînen goten hulde tuon.
   dô bôt Ehmereiz mîn sun
   den schaden ze gelten disem lant:
20 swâ daz gein einem bîsant
   mit vlüste hete emphangen nôt,
   ie dâ gegen Karles lôt
   wolde er wegen bereitez gelt.
   wîngarten, boume, gesætez velt,
25 al die wisen und die heide,
   ors und ander vihe diu beide,
   al den bû unz an den strôwes wisch,
   die vogele, daz wilt und den visch,
   wolde ich der überverte phlegen,
30 daz hete er zehenstunt widerwegen.

257 die daz prüeven solden,
   ob die vride haben wolden,
   den al diu werlt mit triuwen weiz,
   der stæte Matribleiz,
 5 der künec von Skandinâvîâ,
   der beide hie und anderswâ
   sîne triuwe hât behalden,
   der solde der prüevære walden
   mit vride und mit geleite
10 und des geltes wern bereite.
   dô sprach ich: 'sun, wie stêt dir daz?
   dir zæme ein ander rede baz.
   wiltû mich veile machen
   und dînen prîs verswachen,
15 daz man mich gelte sam ein rint?
   dû bist von hôher art mîn kint:
   daz schadet dînem prîse.
   bistû solher manheit wîse,

als ô der markîs ie was,

20 der alz gebirge Kaukasas
dir gæbe (daz wære ein rîcher solt,
wandez ist allez rôtez golt),
dû næmesz ungerne vür ein wîp,
diu alsô kürlîchen lîp

25 hete, als ich noch hiute hân.
dîn bieten hât missetân.
zem marcgrâven hân ich muot:
niemen mac geleisten solh guot,
daz mich von im gescheide.'

30   daz was ir aller leide:

258   si buten durch mîn überkêr
der getriuwen werden miete mêr.
ze lœsen von ir gebenden
und in Francrîche ze senden

5 mîn neve der künec Halzebier
bôt ehte fürsten ledec mir,
die wâren gevangen under sînem vanen.
mîn übervart möhte in ermanen
ergetzens vlust und herzen nôt.

10 im wæren zweinzec tûsent tôt
ûz sîn eines rîche aldâ belegen:
Falfundê müeste immer phlegen
jâmers nâch sînen eskelîren,
an den der tôt niht kunde vîren.

15 ich vrâcte, wer die möhten wesen,
daz der getouften wære genesen.
ir namen wurden mir bekant
und der schade ze gelten disem lant.
der weinen unde lachen

20 geschuof, der mac si machen,
daz man si ledec bekenne.
die gevangen ich iu nenne:
ez ist Gaudiers und Gaudîn,
Hûwes und Kibelîn,

25 Berhtram und Gêrhart,
Hûnas von Sanctes und Witschart.
der tôt si des niht irte:

die ze helfe disem wirte
kômen ûz iuwerm geslehte,
30 die beliben gar wan dise ehte,
259   dar zuo rîche und arme.
sît mich, herre, daz erbarme,
daz lât in iuwern hulden sîn.
diz wâren die besten vriunde mîn,
5 die dâ beliben in dem strîte.
ir kirchhof ist gesegent wîte,
von den engeln wîhe emphangen.
sus ist ez dâ ergangen:
ir heilec verh und iriu bein,
10 in manegem schœnen sarkestein,
die nie geworhten menschen hant,
man die getouften alle vant.'
   niemen dâ sô herte saz,
ir neheines herze des vergaz,
15 ez engæbe den ougen stiure
mit wazzer: dâ was tiure
der man, der niht enklagete.
daz diu künegin dâ sagete,
grôz vreude in doch dar an geschach,
20 dô si sphalenzgrâven lebens verjach
und ander siben der mâge sîn.
dô truoc man tischlachen în.
der wirt selbe alrêst vernam,
daz der phalenzgrâve Berhtram
25 selbe ahte was in lebene.
er sprach: 'got hât ze gebene
vreude und angest, swem er wil:
er mac mir lachebæriu zil
wol stôzen nâch dem weinen,
30 wil mich sîn güete meinen.'
260   Heimrîch und al die süne sîn
dancten dô der künegîn,
daz si ir vater rât übergienc
und von mâgen noch von sune emphienc
5 dehein ir sunder urbot,
und sprâchen, si hete den hœsten got

und ir vil werden minne
mit wîplîchem sinne
an dem markîs gêret
10 und ir sælekeit gemêret.
　　dô sprach Bernart von Brûbant:
'mînen sun man bî den vînden vant,
den phalenzgrâven manlîch.
die andern sibene, ir ieslîch
15 von arte mîne mâge sint,
der ahte ist vür wâr mîn kint:
der deheiner ist mir sô trût,
ich enlieze senewen ûz sîner hût
snîden, ê daz uns Tîbalt
20 Gîburge næme mit gewalt
oder si ab uns erkoufte
und sprîses uns bestroufte.'
'ich hœre wol, vrouwe,' sprach der wirt,
'iuwer blic die heiden niht verbirt,
25 ir sît in in den ougen noch.
si müezen mir des jehen doch,
swaz si mîner mâge hânt,
an iu hete ich wol vür die phant.
si suln aber andern bürgen nemen,
30 ob si strîtes kan gezemen.'

261　　　der wirt dô klagete sêre,
daz der ritter was niht mêre
ûz dem her komen dar în.
er sprach: 'ûf dem palas mîn
5 hân ich ir etswenne mêr gesehen.
ir muget wol mînem sweher jehen
mîner mâge tôt, des landes brant:
solhe heimstiur gît mir sîn hant.
ez ist manec mîn übergenôz geriten
10 ûf mînen schaden: daz wære vermiten,
soldez Tîbalt hân geworben.
solh hervart wære verdorben:
âne Terramêres gebot
hetes im geholfen kein sîn got.'
15 er sprach: 'vater, nû nim war,

wie dû die vürsten setzes gar.
gebiut hie als ze Naribôn
und tuoz durch den gotes lôn,
heiz dîn ammetliute
20 uns hie ûfe dienen hiute.
swaz ich truhsæzen und schenken phlac,
marschalke und kameræere belac,
dâ si den heiden schancten
und niht dem vanen entwancten,
25 unz sich ir reinez bluot vergôz.
mîn vlust ist âne mâze grôz
an manegem herzen triuwen vol.
ich klage si, als ich ze rehte sol,
wan ich hân ir mangel nuo.
30 heiz die dînen grifen zuo.'
262   'ich bedâhtez wol ê' sprach Heimrîch:
die mîne, nû tuot dem gelîch:
ir bekennet wol des wirtes nôt.
gebet uns mit zühten sô sîn brôt,
5 als ob die sîne solden leben,
diez dicke schône hânt gegeben
und rîlîche vür getragen.
ich endarf iu niemêr drumme sagen:
gebietet, als wir dâ heime sîn.
10 mîns sunes habe ist wol mîn:
ich wæne, mirs ouch mîn vrouwe gan,
gein der ich zwîvel nie gewan.'
'jâ, herre,' sprach si, 'vil gerne.
und ob al Todjerne,
15 Arâbîe und Arâbî
vor den heiden lægen vrî
und mir ze dienste wæren benant,
dâ bevilhe ich allez iuwer hant.
daz liez ich durch dise armuot:
20 unser habe, iuwers sunes guot,
daz wir vil kûme erwerten,
ungerne wirz verzerten
âne iuch und âne die, den irz gebet.
mîn herze in iuwerm gebote lebet

25 und mîner bruoder, iuwer kinde:
iuwer aller ingesinde
wil ich nâch vlust nû gerne sîn.
mit triuwen helfe ist worden schîn:
des ich mich dicke ziu versach,
30 sô der heiden sturm Ôransche brach.'
263 'vrouwe,' sprach der grîse man,
'swar an ich mac oder kan,
dâ sît ir dienstes von mir gewert:
und ob iemen mînes râtes gert,
5 al mîne mâge und mîniu kint
mit triuwen ziuwerm gebote sint.'
die künegîn er dô sitzen bat
und jach, si solde die selben stat
haben und diu andern vrouwelîn:
10 'lât mich hiute wirt hie sîn:
ich kum her wider zuo ziu dran.'
mit urloup gienc er dô dan:
in sîner hende was ein stap.
daz sitzen er mit zühten gap
15 dem jungen künec von Tandarnas,
eine sîten ûf dem palas,
diu gein der künegîn über stuont.
er tet dem schêtîse kunt,
er solde dem künege sitzen bî,
20 und Buove von Komarzî
und Bernart von Brûbant:
die viere heten eine want.
die vürsten ûz Francrîche
er dô sazte ritterlîche,
25 die der rœmesche künec sande dar.
er bat ir schône nemen war:
ir muosten werde ritter phlegen.
er wunschte, daz der gotes segen
ir spîse in lieze wol gezemen.
30 er bat siz willeclîchen nemen:
264 swaz würde aldâ von in verzert,
daz heten vrouwen hende erwert
gein starker vîende überlast.

'vil manec ungetoufter gast
5 hânt ir zorn hie niht gespart.
Ôransche was doch sô bewart,
daz vrouwen hânt hie prîs bejaget:
die vant man werlîch unverzaget.
sît siz uns habent behalden,
10 nû sult irs alle walden,
ieslîch man rehte, als er ger,
der vürste, der grâve, dirre und der,
bârûn und die andern ritter gar.
nû nemt deheines zadels war:
15 Ôransche ist wol berâten
von den, diez vor uns tâten.
die sint ûf Alischanz beliben,
ir tôt uns hât dar zuo getriben:
nû zern, daz si uns liezen.
20 ir vart sul wir geniezen:
dâ si hin sint gekêret,
ir habe ist dort gemêret.'
    der alde vürste niht ze laz
gienc von den vürsten vürbaz.
25 ander vürsten, sîniu kint,
die dâ noch ungesetzet sint,
er setzen dô begunde,
Arnalden von Gerunde,
Berhtram und Gîbert
30 und den wirt (die viere in dûhten wert)
265   des palas an eine sîten.
wer an den selben zîten
bî der künegîn sæze
und wer dâ mit ir æze?
5 daz tet der alde Heimrîch.
dâ ergienc ein dienest zühte rîch
von den, diez vür truogen.
an nihte si gewuogen,
daz dâ kein zadel möhte sîn:
10 môraz, klâret unde wîn
si gâben unde spîse guot.
doch was ir willeger muot

vil bezzer dan diu spîse gar.
dâ sâzen vrouwen lieht gevar
15 in minneclîcher ahte:
der selben undertrahte
Heimrîch der alde gerte niht.
ir neheiniu was dâ sô lieht,
der sô wol an im gelünge,
20 daz si sînen muot betwünge,
wan sîns sunes wîp al eine.
diu zwei âzen kleine
von maneger vrâge, diu dâ geschach
um der künegîn ungemach,
25 daz er von herzen klagete,
dô siz im undersagete.
niht anders si sich nerte,
wan daz si et vreude zerte
mêr danne ir selber spîse.
30 daz widerriet ir der wîse.
266   dô man ûf dem palas
vil gap und genuoc gegeben was,
Heimrîch der alders blanke
und niht der muotes kranke
5 az minner denne ein ander man.
sît er vrâgen began
die künegîn, die wîle man az,
welh heiden dâ den grœsten haz
âne Tîbalden trüege gein ir.
10 si sprach: 'die werden alle mir
erzeicten zorn, swaz ich ir dâ weiz,
niwan mîn sun Ehmereiz.
der hete doch ritter hie genuoc:
von sînem ringe man nie getruoc
15 gein mir bogen, schilt noch swert.
dar zuo dûhte er sich ze wert,
swaz volkes im ist undertân,
solde ich angest gein den hân.
zwêne künege ûf Alischanz den lîp
20 verlurn: die sanden dar diu wîp.
her zÔransche kom ir klagende her:

mîne porten, wichûs und diu wer
erleit von in deheinen pîn.
von Ôraste Gentesîn
25 brâhte ir ein teil Noupatrîs.
Tesereizes her durch sînen prîs
jach, ez wære der wîbe gebot,
dâ von ir herre læge tôt,
gein mir und al der wîpheit
30 solde ungerochen sîn ir leit:

267   swâ der markîs in bræhte strît,
dâ kœme alrêst ir râche zît.
Noupatrîses ritterschaft
was hie mit grôzer hers kraft:
5 die der minne gernde ûz brâhte,
sêre daz den versmâhte,
der sich gein mir armen vrouwen
in sturme lieze schouwen.
sît dises landes herre was überstriten
10 und der nâch helfe was geriten,
si jâhen, gein werden wîben
solden werde man belîben,
daz si si immer dienstes werten
und ir lônes wider gerten.
15   hie was vil hers herrenlôs,
von den ich starken haz erkôs:
wan Noupatrîses diet
und Tesereizes her sich schiet
ûz den andern, als ich hân gesaget.
20 ich wæne, si wâren doch unverzaget.
hie tâten zehen bruoder mîn
ir ungenâde gein mir schîn.
von Grifâne und von Friende
manec ritter ellende
25 was hie durch mîner swester sun:
swaz die mohten mir getuon,
Poidjus und ander mîner mâge haz
was et gein mir niht ze laz.
hie was al Tîbaldes art
30 mit krefteclîcher hervart.

268 ich hete dâ gerne vriunde mêr:
       nû sprechent si ûf mich herzesêr.'
         sus saz diu klagende vrouwe,
         mit dem herzentouwe,
5 daz ûzer brust durch diu ougen vlôz,
       ir liehten blicke ein teil begôz.
       dô sprach ir gedienter vater
       hin zir alsus. mit zühten bater,
       daz si ir weinen lieze sîn verholn:
10 dâ solden kurzwîle doln
       der wirt und sîne geste
       âne jâmers überleste.
       si sprach: 'swenne ir gebietet,
       mîn munt sich lachens nietet:
15 wirt aber hie schimph von mir getân,
       sô muoz dochz herze jâmer hân.'
       er sprach: 'nû nemt sô jâmers war,
       daz iuwer site rehte var
       und daz niemen drabe erschrecke.
20 der zage und der quecke
       etswenne bî ein ander sint.
       ich geloube wol, daz mîniu kint
       dem ellen niht entwîchen.
       dar mac ich niht gelîchen,
25 die man mir vür genôze zelt:
       etslîch vürste ist niht erwelt
       ze der scharphen ritterlîchen tât.
       wir suln hôhes muotes rât
       den liuten künden unde sagen:
30 guot trôst erküenet manegen zagen.'